Alexander Glück

Essays zum Schriftgebrauch

Beiträge zu Fragen der Schrift, Typographie und Sprachgeschichte

VERLAG FÜR BIBLIOTHEKEN

Herstellung und Verlag:
BoD-Books on Demand, Norderstedt
ISBN: 978-3-8482-5474-3

Redaktion, Satz und Umschlag: Alexander Glück

Bibliographische Information der Deutschen Nationalbibliothek
Die Deutsche Nationalbibliothek verzeichnet diese Publikation in der Deutschen Nationalbibliographie; detaillierte bibliographische Daten sind im Internet über http://dnb.d-nb.de abrufbar.

Inhaltsverzeichnis

Vorwort

Körper und Stimme leiht die Schrift dem stummen Gedanken.
Durch der Jahrhunderte Strom trägt ihn das redende Blatt.

Dieses Dichterwort Friedrich von Schillers begleitete mich während des Studiums des Faches Buchwesen wie eine Kernweisheit. Wäre es vertont worden, hätten wir es womöglich in den Seminaren gesungen. Die zwei Zeilen geben in konzentrierter Form wieder, wovon auch das vorliegende Buch sprechen soll: Schrift als das Medium, das dem Gedanken, der sich selbst nicht zu äußern vermag, den Weg hinaus bereitet, zu anderen Menschen, die nicht nur in der eigenen Gegenwart leben, sondern den Gedanken auch noch Jahrzehnte oder Jahrhunderte später empfangen werden. Das stellt die Verschriftlichung qualitativ über alle anderen Kulturtechniken, ausgenommen die Konservierung von Sprache und Musik, die aber auf ähnlichen Prinzipien beruhen.

Wir haben es hier mit Schriften zu tun, die zwar ebenfalls „durch der Jahrhunderte Strom" zu ihren Lesern sprechen wollen, die aber zunehmend daran gehindert werden. Deutsche Schriften, gebrochene Schriften, Fraktur, Gotisch und ihre Misch- und Zwitterformen wurden im 20. Jahrhundert zunächst brachial, danach radikal zurückgedrängt. Die historische Überlieferung der einst weltführenden Kultur- und Wissenschaftsnation wurde durchtrennt und kann heute nur noch von einem kleinen Bevölkerungsteil bewahrt werden. Alle anderen sind, sofern die Distanz zu den Quellen sie nicht daran hindert, sich für sie zu interessieren, auf Übertragungen angewiesen. Diese werden zum überwiegenden Teil von Computern durchgeführt, deren Fehlerzahlen gewaltig sind. Wo schriftkundige Fachleute die Übertragungen durchführen, gibt es Barrieren hinsichtlich des Arbeitsaufwands und damit der Kosten. Zusätzlich wirft die Tatsache, daß Quellenschriften nur von einer kleinen intellektuellen Elite erschlossen werden können, Fragen nach deren Zuverlässigkeit auf.

Die Massenmedien sorgen heute dafür, daß einzelne Leute, denen die Ausgangstexte zugänglich sind, das allgemein verbreitete Geschichtsbild bestimmen und steuern können. Auf anderen Fachgebieten ist diese Entwicklung nicht allzu beklagenswert, da sich in Physik, Medizin, Chemie, Materialtechnik und anderswo der Stand der Wissenschaft erheblich weiterentwickelt hat. In den historischen

Wissenschaften ist dies zwar auch der Fall, doch kommt hier der alten Literatur besonderer Quellenwert zu, weil sie Aufschluß über das Geschichtsbild früherer Generationen gibt. Da Geschichtsschreibung immer Interpretation ist, verraten diese Texte viel über die Perspektive ihrer Verfasser, und die ist für die heutige Geschichtskenntnis ebenfalls von großem Wert. Sie ist aber nicht mehr allgemein zugänglich: Jemand kontrolliert den Flaschenhals.

Der Erwerb von Lesefähig- und -fertigkeiten liegt im Interesse jedes Einzelnen. Die Schule vermittelt heute nur noch die Grundkenntnisse, die erforderlich sind, um amtliche Bekanntmachungen, Anordnungen, Aufforderungen und das Bildschirmmenü der elektronischen Unterhaltungsmittel zu verstehen. Seit Jahrzehnten steht die Literaturkunde des Deutschunterrichts im Dienste politischer Beeinflussung. Was uns seinerzeit als Meinungskompetenz und Diskussionskultur angeboten wurde, ließ abseits dessen, worauf der Lehrer hinaus wollte, wenig Raum für Eigenständiges. Natürlich konnte jeder seine Meinung sagen. Aber unsere im Zuge der Bewegung von 1968 politisch geprägten Lehrkräfte waren uns ja durch ihre viel umfassendere Literaturkenntnis weit voraus. Niemand hätte ihnen mit einem Modedichter der dreißiger Jahre kommen können, außer vielleicht zum Zeitvertreib mit Heinrich Spoerl. Wer also forschend hinter die Gemarkungslinie 1945 gehen wollte, hinter jenen Entstehungszeitpunkt der vermeintlich tatsächlichen Deutschen, der brauchte dazu eine Technik, über deren Verfall der institutionalisierte deutsche Bildungsbetrieb geradezu froh war: Er mußte Fraktur lesen können. Sie ist, zusammen mit Kurrentschrift, der Schlüssel zum uneingeschränkten Quellenzugang.

Mit etwa elf Jahren war mir die Tragweite dieser Frage noch nicht bewußt, aber mich lockte die Aussicht, diese mir fremde Schrift, die mir ab und zu begegnet war, lesen zu können. Etwa um diese Zeit oder etwas früher hatte ich irgendwo bereits hebräische Buchstaben entdeckt und erhielt von einem Großonkel, einem Theologen, eine umfassende handschriftliche Erklärung dieser Zeichen. Der Großonkel hatte auch eine wunderschöne, akkurate Handschrift. Er blieb mir als würdevolle, mir stets gütig zugeneigte Persönlichkeit in lebendiger Erinnerung. Nun stieß ich im elterlichen Bücherregal auf ein Buch von Bruno Nelissen-Haken mit Erlebnissen eines Dackels namens Haidjer. Es war in Fraktur gesetzt. Schon damals, 1980, hätte manch anderes Kind das Buch wohl wieder ins Regal gestellt, aber ich wollte diese heiteren Geschichten lesen. Und tatsächlich stellt die Fraktur dem Unkundigen keine gar so große Hürde in den Weg. Mir erschien sie struppig, aber die meisten Buchstaben waren gleich zu erkennen. Nur das lange s, das sich eine ganze Weile wie das ihm so ähnliche f las, ließ mich noch ein Weilchen stolpern. Ich las Seite um Seite, eine Geschichte nach der anderen. Mit der Zeit glättete sich auch die letzte Leseschwierigkeit.

Fraktur faszinierte mich: Eine andersartige Schrift, die uns die Pädagogen in der Schule nicht zumuten zu können meinten. Eine Schrift aus einer früheren Zeit, als sie normal und geläufig war. Nach der Frakturschrift eignete ich mir auch die Kurrentschrift autodidaktisch an. Ungefähr zu dieser Zeit erlebte die Frakturschrift der Jahrhundertwende, jene mit den bauchigen Formen, eine Wiederbelebung durch Typographen und Designer, die es besonders originell fanden, ihren Textfunden durch Fraktur einen möglichst nostalgischen Anstrich zu geben. Und ich merkte sehr schnell, wann die Verwendung solcher Schriften natürlich und angemessen und wann sie aufgesetzt und gekünstelt wirkt. Letzteres fiel mir beispielsweise dann auf, wenn sich Herausgeber von Nachdrucken oder Redakteure alter Texte über Stil und Sprache der Altvorderen kringelten und deren Ausdrucksweise ins Lächerliche zogen.

Es fiel mir danach immer wieder auf, wenn sich jemand über ungewohnte, hölzerne oder verschwurbelte Texte aus alter Zeit lustig machte und dabei seine völlige Unfähigkeit sichtbar machte, sich in den jeweiligen Text einzufühlen und ihn verstehend aufzunehmen. Gewiß gab es zu allen Zeiten viele schlechte Texte, das ist gerade auch heute so. Die generelle Verhöhnung eines zeitbedingten Ausdrucksstils kam mir aber immer verdächtig vor – wir erleben sie auch im Umgang mit alten Lichtbildern. Warum blicken die Menschen darauf so ernst? Erstens, weil es Langbelichtungen waren. Wenn man reglos schauen soll, dann macht man das am besten mit entspanntem Gesicht. Zweitens, weil sie es als würdelos empfunden hätten, auf einem teuren Photographenbild zu grinsen. Das war allgemeine Konvention. Ebenso waren viele Schreib- und Ausdrucksweisen einfach üblich und Kinder ihrer jeweiligen Zeit. Die ausschweifenden Titelblätter barocker Bücher, die vielmehr als Inhaltsverzeichnisse angesehen werden sollten, wirken heute auf viele schwülstig. Die lateinischen oder französischen Wörter waren, wie auch die langen oder umständlichen Satzgebilde, zeitbedingte Moden.

Diese Erfahrungen stelle ich an den Anfang dieses Buchs, weil wir bei der Beschäftigung mit Schrift immer wieder auf eine Frage zurückgeworfen werden: Wie wirkt sie auf den Betrachter? Und wie hat sich diese Wirkung, wie hat sich dieses Ansehen (im doppelten Sinne) der Schrift im Zeitverlauf verändert? Nehmen wir ein Beispiel her: Blechschilder mit Aufschriften wie „Fasse dich kurz – nimm Rücksicht auf Wartende“ oder „Feind hört mit“ werden heute meistens mit repressorischen Verhältnissen verknüpft, auch solche Schilder, auf denen steht: „Swing tanzen verboten! Reichskulturkammer“. Dieser Eindruck kann sich auf die verwendete Schrift übertragen. Dieser Effekt wird absichtsvoll immer dann ausgenutzt, wenn Frakturschrift zur Kenntlichmachung von Nazi-Zusammenhängen verwendet wird, wie es sonder Zahl auf Büchern, Zeitschriften, Flugblättern und politischen Plakaten geschieht. Daß es die Nationalsozialisten selbst waren, die zur Durchsetzung ihrer Herrschaftsinteressen 1941 die Frakturschriften verboten haben, spielt dabei keine Rolle. Und so werden Ausdrucksmittel nach und nach mit einem neuen Sinn in Verbindung gebracht, den sie früher nicht hatten. Sie werden umgedeutet – eigentlich umgeprägt. Gerecht wird man ihnen dadurch sicher nicht.

Im Bereich der Schriften zeigt sich dies nicht nur in politischer Hinsicht, sondern gerade auch in der Verwendung von Frakturschrift für Werbezwecke. Zu ihr greift man, wenn etwas aus der „guten, alten Zeit" kenntlich gemacht werden soll, vermeintliche Tradition oder Omas vermeintliches Küchenwissen. Das läuft natürlich der politischen Umdeutung dieser Schriften völlig entgegen, denn bei dieser geht es ja um eine negative Aufladung. Nun aber steht Fraktur für das Alte im weitesten, zumeist positiven Sinne. Vieles, was eigentlich neu ist, bekommt dadurch einen altmodischen Anstrich, ohne daß auf richtige Verwendung der besonderen Zeichen oder auf die Eignung der Schrift für den jeweiligen Zweck Bedacht genommen wird. Ja, im gleichen Maße, wie dort mit der richtigen Verwendung der Frakturschrift geschludert wird, stellt man anderswo überkommene richtige Schreibweisen auf falsche um: Förstina-Sprudel ist ein Beispiel dafür, daß ohne Notwendigkeit die richtige Ligatur st durch st (mit kleinem Schluß-s) ersetzt worden ist. Die dafür verantwortlichen „Designer" begründen das mit „besserer Lesbarkeit". Überhaupt stellt das falsch verwendete Schluß-s die häufigsten Ärgernisse im Zusammenhang mit der Verwendung deutscher Schriften. Es hat ja eigentlich seinen Sinn und seine Funktion – nämlich, den Schluß eines Worts oder eines Wortteils zu markieren. Seine richtige Verwendung setzt die Kenntnis und richtige Anwendung der ihr zugrundeliegenden Regeln voraus.

Was die unverzagten Fehlerteufel jedoch davon abhält, das Schluß-s richtig zu verwenden, ist weniger die Kenntnis oder Anerkennung der Regel, sondern die irrige Auffassung, ihre Schreibungen seien „besser lesbar". Das Gegenteil ist der Fall: Wer ab und zu Fraktur liest, für den ist die Anzeigefunktion dieses Zeichens eine große Hilfe. Wer hingegen nie oder nur höchst selten mit gebrochenen Schriften in Berührung kommt, der wird natürlich mit dem langen s zunächst erst Freundschaft schließen müssen. Dann muß man sich aber die Frage gefallen lassen, wieso diese Menschen überhaupt einen Schriftzug in Fraktur vorgelegt bekommen sollen, mit dem sie ja offensichtlich nicht viel anfangen können (und wollen). Nein, beides gehört zusammen, die gebrochenen Schriften und ihre korrekte Verwendung. Jeder Bruch dieses Bestehenden bedeutet eine Beschädigung. Dennoch werden die beiden s-Formen nahezu beliebig verwendet – deutlich seltener, aber doch ab und zu findet man auch das lange s am Schluß, wo es nicht hingehört und wo es so grob falsch aussieht, daß das Unverständnis des Schreibers gegenüber der von ihm verwendeten Schrift, ja geradezu seine Bildungsferne, sofort ins Auge springt.

Dieser Mißbrauch hat dazu geführt, daß heute Frakturschrift in vielen Bereichen falsch verwendet wird. Dazu trägt auch der Umstand bei, daß sich regelrichtiger Fraktursatz auf einer herkömmlichen Rechnertastatur nicht so ohne weiteres bewerkstelligen läßt. Hier gibt es einige Buchstabenverbindungen, sogenannte Ligaturen, von denen man normalerweise nicht weiß, wie man sie eingibt. Das lange s wird von Unkundigen sowieso als nutzlos aufgefaßt, weil sich sein Sinn nicht sofort erschließt: Als Elfjähriger verstand auch ich zwar, daß am Wortende ein kleines s verwendet wird, aber ich konnte mir zunächst nicht erklären, weshalb es gelegentlich auch im Wortinneren auftaucht. Also schreiben viele ihre Frakturtexte ganz so, als hätten sie lediglich eine andere Schriftform gewählt, so wie man zwischen „Times New Roman“, „Arial“ und „Comic Sans“ umschaltet. Diese Menschen fassen Fraktur einfach als eine weitere Form des normalen Zeichensatzes auf. Weil das ein großer Irrtum ist, sind die Ergebnisse unsäglich.

Auf der einen Seite haben wir es also mit Unkenntnis und Einfältigkeit zu tun, auf der anderen Seite mit einer Unverzagtheit im Gebrauch, die den Dingen wirklich Gewalt antut. Schrift wird häufig nicht mehr verstanden, vor allem vom jeweiligen Schreiber. Das ist fast noch schlimmer, als wenn jemand bekundet: „Das kann ich ja nicht lesen“. Eine eigene Unzulänglichkeit als Begründung dafür zu nennen, eine Quelle nicht zur Kenntnis nehmen zu wollen, ist neben dem Herumkritzeln in einer Schrift, die man nicht verstanden hat, wohl die lächerlichste Art, sich eine Blöße zu geben. Dabei kann auch hier das Verständnis und die Auffassung, die man von einer Schrift hat, eine Rolle gespielt haben: Angesichts der bereits geschilderten Umprägung nimmt es nicht Wunder, wenn Frakturschrift jemandem heute als verdächtig erscheint. „Was in dieser Schrift gedruckt ist,“ so denken diese Leute, „ist nicht aktuell und politisch wahrscheinlich mit Vorsicht zu genießen.“ Wer sich aus diesem Grund den Löwenanteil der gedruckten Quellen und Literatur vieler Jahrhunderte entgehen läßt und keinen Anlaß sieht, sich diese Dinge durch ein bißchen eigenes Zutun zu erschließen, der muß sich auch die Frage gefallen lassen, warum er dann nicht gleich Analphabet geblieben ist. Denn Bildung setzt immer den eigenen Wunsch voraus, mehr zu erfahren. Fraktur nicht lesen zu können und es auch nicht lernen zu wollen, bedeutet nichts anderes, als sich anspruchslos mit Informationen aus zweiter Hand zu begnügen. Das ist ein großer Schritt in die Fremdbestimmung.

Das wirft die Frage auf, welchen Stellenwert Frakturschrift in Schule und Wissenschaft hat. Von einem freudigen Weitergeben eines wichtigen Schlüssels zu unserer geschriebenen Geschichte kann da kaum die Rede sein. Außerhalb der historischen Wissenschaften und innerhalb der Schule führen die gebrochenen Schriften nicht einmal ein Schattendasein. In einschlägigen Universitätsfächern, in denen solche Kenntnisse unabdingbar sind, werden sie natürlich auch erworben, doch auch da kommt es maßgeblich auf den Eifer des Lernenden an. Somit ist die Fähigkeit, Fraktur- und Kurrentschriften lesen zu können, inzwischen Elitenwissen – und es zahlt sich sogar in barer Münze aus, was jeder bestätigen kann, der einmal Transkriptionsaufträge übernommen hat. Jeder kann es erwerben und sich damit eine selten gewordene Fertigkeit aneignen, doch scheint dies nicht gerade der Wunsch breiter Bevölkerungskreise zu sein.

Immer noch scheint Fraktur eine Frage der persönlichen Neigung zu sein. Ich habe mit Buchwesen ein einschlägiges historisches Fach studiert und habe es dabei weit genug gebracht, an der Österreichischen Nationalbibliothek den dortigen Bibliothekaren das Lesen der Kurrentschriften beizubringen – wo man doch denken sollte, daß diese das in ihrer regulären Ausbildung lernen. Nun, dort kommt auch noch ein grundsätzliches Ressentiment gegen alles vermeintlich Deutsche hinzu. Ich habe Freude an Büchern, die in zweckmäßiger Fraktur gesetzt sind, und lese sie genauso gründlich und schnell wie alle anderen Bücher. Ich kann Kurrent flüssig schreiben und problemlos lesen. Dies alles verdanke ich den eingangs erwähnten Hundegeschichten und einigen aufgeschlossenen Menschen, die mir danach die eine oder andere Frage beantwortet und meine Faszination gefördert haben.

Doch auch mit der jetzigen Situation dieser Schrift müssen wir uns befassen, wenn wir uns mit ihrer Funktionsfähigkeit als Informationsträger auseinandersetzen wollen: Die gebrochenen Schriften sind längst vom Normalen zum Außergewöhnlichen geworden, zum Sonderfall. Sie werden von einer kleiner gewordenen Gruppe gepflegt, und auch dann oft nicht für den täglichen Gebrauch, sondern für kalligraphische Zwecke, für Tischkärtchen und Einladungskarten, für Poesiealben oder andere Dinge, die besonders formvollendet erscheinen sollen. Das ist gut und wertvoll, weil dieser Beschäftigung Fleiß und Hingabe zugrundeliegen, aber es trägt sogar dazu bei, daß Fraktur noch mehr als die Ausnahme von der Norm angesehen wird. Doch wie kann man sie im Alltag verwenden? Welche

Möglichkeiten gibt es denn, schnell und unkompliziert Hängeordner, Stehsammler und Vorratsgefäße in Fraktur zu beschriften, Briefe mit ihr zu schreiben oder auch seinen Internet-Blog? Gerade in diesem Bereich liegt noch vieles brach, obwohl diese tägliche Anwendbarkeit über die Zukunft dieser Schriften entscheiden wird. Es ist daher auch wichtig, sich diese Möglichkeiten, das bisher Erreichte und die Herausforderungen der digitalen Medienwelt genauer anzusehen. Es geht dabei um die Möglichkeiten der Frakturschrift innerhalb der neuen technischen Errungenschaften: Nur wenn sie hier Schritt halten kann, wird man sie der nachwachsenden Generation noch vermitteln können.

Allerdings hat sich auch die „regulierte Schriftsprache" fortbewegt. Was sich durch die staatlich verordnete Rechtschreibreform, Genderschreibungen, Gender-Star und Binnen-I im schriftlichen Gebrauch breitgemacht hat, läßt sich durch Frakturschrift nicht immer so ohne weiteres wiedergeben, zumal Großbuchstaben mitten im Wort so oder so ein Ding der Unmöglichkeit sind. Die Frage ist hier, ob man den Einsatz von Frakturschrift auch entsprechend modernisieren will oder ob man die Zuwendung zu ihr mit einer generellen Abneigung gegen die seither eingetretenen Veränderungen verbindet. Ich habe dazu meine eigene Meinung, möchte der Entscheidung jedes Einzelnen jedoch nicht vorgreifen. Denn es liegt ja auf der Hand, daß sich Sprache immer verändert, auch ohne Reform- und Genderschreibweisen, ohne schweizerische ß-Abschaffung und ohne politische Korrektheit. Beispiel: Im Barock gab es ein spezielles Zeichen für &c., wobei das & wie das alte runde Fraktur-r aussah. Auch dieses runde r wird in der Frakturschrift schon lange nicht mehr verwendet. Sie ist dadurch nicht ärmer geworden und sie kann den Entwicklungen der Zukunft besser standhalten, wenn sie sinnvollen Neuerungen gegenüber aufgeschlossen ist.

Dies alles setzt Benutzer voraus, die sie mit Bedacht und Wertschätzung verwenden, weil sie ihr Wesen verstanden haben. Diese Benutzer sind alles andere als vorgestrig, wenn sie sich als im besten Sinne konservativ verstehen: Sie bewahren, was Wert hat, und geben es damit an die Zukunft weiter. Das gelingt nur, wenn sie dem Fortschritt gegenüber offen sind. Ein Widerspruch? Keineswegs – den Fortschritt kann man eigentlich nur dann richtig auskosten, wenn man sich in der Vergangenheit zurechtfindet. Blinde Fortschrittsgläubigkeit ohne Geschichtsbewußtsein ist nicht nur naiv, sondern allen Verführungen offen. Die Freude an den alten, geschichtsreichen und kulturtragenden Frakturschriften vermittelt erst die Souveränität, die ein vernünftiges Einordnen und vorurteilsfreies Fördern der Zukunftsentwicklungen möglich und sinnvoll macht. Dem kommt es entgegen, daß Frakturschrift nicht zwingend altmodisch erscheinen muß, denn es gibt zahlreiche Beispiele für sehr leichte, zierliche, reiche Beispiele für sehr leichte, zierliche, poetische und moderne Interpretationen dieser alten Schriftgruppe.

Das sind viele Beispiele dafür, wie die Schrift dem stummen Gedanken Körper und Stimme leiht. Der Gedanke tritt sichtbar und vernehmlich in die Welt, weil es Schrift gibt, die ihm dazu verhilft. Der Körper – ein Zeichensatz aus Buchstaben, die in hunderterlei Formen daherkommen können. Diese Formen sind es, die dem Gedanken die Stimme geben. So kann er leicht, weich, verträumt und sphärisch oder zielstrebig, bestimmt und kernig klingen. Er kann mit Macht ausgedrückt oder unsicher, vorschlagsweise angedeutet werden. Zahllose Schattierungen lassen sich vornehmen, indem man dem Gedanken diese oder jene Stimme gibt. Das ist die Funktion der Schriftschnitte. Auf wundersame, kaum zu ergründende Weise lassen sie ein und dasselbe Wort einmal so und einmal wieder anders klingen. Diese Stimme verändert sich, sie kann durch die Jahrhunderte einen Beiklang bekommen.

Wenn die in diesem Buch zusammengestellten Betrachtungen zu einer besseren Kenntnis der Frakturschrift und ihrer Möglichkeiten, den Gedanken ihre Stimme zu verleihen, beitragen, dann soll es dadurch auch dem Ziel dienen, dieses Ausdrucksmittel zu pflegen und zu bewahren.

Wie schreiben wir überhaupt und was hat das mit Fraktur zu tun?

Das Thema Schrift berührt uns auf zweierlei Weise – indem wir mit ihm entweder als Schreiber oder als Leser zu tun haben. Jeder Text kann nur einmal geschrieben, aber beliebig oft gelesen werden. Daher sollte es immer das Ziel der Rechtschreibung sein, dem Leser das Verstehen des Textes zu erleichtern. Diesem Ziel darf nicht das Erleichtern des Schreibens übergeordnet werden, wie es seit Anfang der siebziger Jahre von einer irregeleiteten Pädagogik gefordert wird. Wer schreibt, verfolgt im Regelfall das Ziel, seine Gedanken und Inhalte so zu fassen, daß der Leser sie möglichst gut verstehen kann. Genauso ist es beim Sprechen: Wenn man darauf zielt, das Sprechen zu erleichtern, und dabei keine Rücksicht auf die Verständlichkeit nimmt, dann nimmt man in Kauf, daß der Inhalt der Sprache beim Hörer nicht vollständig ankommt.

Sprache und Schrift sind Mittel zur Weitergabe von Information. Je höher sie entwickelt sind und je besser sie verwendet werden, desto besser erfüllen sie diesen Zweck. Entscheidend ist dabei, wieviel von dem, was der Absender in die Botschaft hineingelegt hat, vom Empfänger verstanden wird. Wir müssen uns damit abfinden, daß auf diesem Weg Übertragungsverluste nicht gänzlich zu vermeiden sind: Versteht der Empfänger die Botschaft wirklich so, wie sie gemeint war? Sind seine Verstandesmittel unzulänglich und „kapiert" er deshalb den Inhalt nicht? Halten Vorbehalte ihn davon ab, sich auf unsere Botschaft einzulassen, denkt er sie nicht mit? Kennt er die Bedeutungsunterschiede zwischen verschiedenen Schreibweisen und versteht er, wie wir unsere Gedanken differenziert haben? Und nimmt er unsere unterschwelligen Signale wahr, die wir dadurch mitschicken, daß wir eine bestimmte Ausdrucksweise, eine bestimmte Schrift, Tinte oder Kugelschreiber, nobles Papier oder solches vom Abreißblock wählen? Versteht er diese Signale dann so, wie wir sie meinten – oder ist das, was wir edel finden, für ihn schrullig?

Wer schreibt oder spricht, wird sich mit solchen Dingen befassen müssen. Wir erlernen sie zusammen mit der Sprache und der Schrift. Einerseits gibt es eine Reihe von Konventionen. Wer von ihnen abrückt, zeigt sich als selbstbewußt, aber die Wirkung ist nicht zwingend positiv. Im steten Austausch mit dem allgemeinen Stil – Schreibweisen, Schriftarten und Üblichkeiten – entwickelt sich unsere persönliche Ausdrucksweise. Eckt sie an, so haben wir Anlaß, sie zu überdenken. Bewährt sie sich, so pflegen wir sie weiter. In der Österreichischen Nationalbibliothek lernte ich einmal einen Herrn kennen, der jeden konsequent in der dritten Person ansprach: „Wie geht es ihm?" Ihm war dabei vollauf bewußt, daß er sich damit zum Exoten machte, aber er behielt es bei. Und in das alte Gemäuer mir seinen schrulligen Insassen paßte das vorzüglich. Kurz und gut, beim Übermitteln von Inhalten – sei es durch Sprache oder Schrift – kommt es immer darauf an, möglichst viel an den jeweiligen Empfänger zu bringen. Geht die Nachricht an mehrere Personen, so wird dieses Unterfangen noch etwas schwieriger, es sei denn, man macht sich nichts daraus, nicht verstanden zu werden.

Deshalb wird man sich beim Schreiben immer mehr Mühe geben müssen als beim Lesen; das Schreiben ist, so gesehen, schwieriger. Hinzu kommt, daß ein guter Stil dazu beitragen kann, daß sich der Leser für das Werk überhaupt interessiert und es gerne lesen wird. Eine hochmütige, eitle oder übertrieben „stilvolle" Ausdrucksweise kann dazu führen, daß der Leser die Lust am Weiterlesen verliert und den Text zur Seite legt. Schließlich ist aber auch die verwendete Schrift maßgeblich daran beteiligt, wenn ein Text beim Leser – im doppelten Sinne – ankommt oder eben nicht. Die Schrift ist das Kleid des Textes, allein durch sie erscheint er auf den ersten Blick hölzern oder beschwingt, zartfühlend oder grob, nachdrücklich oder gesprächsoffen, technisch-fortschrittlich oder handwerklich-traditionell. Es ist die Schrift, die einen Text ins Licht rückt.

Deswegen ist die Auswahl einer passenden, angemessenen Schrift entscheidend dafür, ob man die in ihm enthaltenen Gedanken dem Leser nahebringen wird oder eher nicht. Nun ist die Wirkung dieser oder jener Schrift aber von Leser zu Leser verschieden: Der eine kann eine grundsätzliche Abneigung gegenüber bestimmten Schriftgruppen haben, während der andere ihnen gegenüber unvoreingenommen ist oder sie sogar bevorzugt. Hierauf wird nur teilweise Rücksicht zu nehmen sein – ausschlaggebend sollte aus Sicht des Schreibers sein, ob die verwendete Schrift seine mit dem Text verbundenen Ideen unterstützt.

Handelt es sich etwa um die Neuausgabe eines mehrere hundert Jahre alten Werkes, wird man der Vorlage mit einer betont modernen Groteskschrift nicht gerade einen Gefallen tun. Tatsächlich muß es aber auch nicht zwingend die Alte Schwabacher sein, die von vielen Menschen als Ausdrucksmittel einer betonten Historisierung aufgefaßt wird. Je nach Inhalt kann auch eine neuere Frakturschrift gewählt werden, durchaus auch etwas aus der Gruppe der Antiquaschriften – die „Römische Antiqua" beispielsweise erscheint zunächst wie eine leichtfüßige gotische Schrift, ist aber tatsächlich eine Antiqua und dementsprechend auch für Leute, die mit Frakturschrift noch nicht so gut zurechtkommen, problemlos lesbar. Im Grunde sind hier die Antiquabuchstaben lediglich ein bißchen zerknittert, was dem Satzbild etwas Organisches und Altmodisches verleiht. Das berühmte Wanderliederbuch „Der Zupfgeigenhansl" wurde in dieser Schrift gesetzt und erlebte mit ihr zahllose Ausgaben; auch etliche andere Werke der Zeit vor etwa hundert Jahren erschienen in Römischer Antiqua.

Die Frage, ob modern oder altmodisch, ob fortschrittlich oder rückwärtsgewandt, ist übrigens keine Frage der Schriftgruppe, sondern stets der einzelnen Schrift. Innerhalb der deutschen Schriften gibt es betont technisch-modernistische wie beispielsweise die Tannenberg, deren Charakter durchaus mit dem der härtesten Grotesk-Antiqua vergleichbar ist. Andererseits gibt es Frakturschriften, die an Zartheit und Poesie kaum zu übertreffen sind. Sie wirken überhaupt nicht hölzern oder sperrig, sondern vielmehr wie zerbrechliche Halme und Rispen, die sanft in der lauen Luft gehauchter Poesie wogen. Selbstverständlich gibt es ebensolche Unterschiede auch bei den Antiquaschriften: Einige wirken hart, amtlich und bestimmt, andere betont graphisch und wieder andere sanft und gutmütig. Die bereits erwähnte Römische Antiqua läßt Anklänge an vergangene Zeiten zu, auch wenn es sie in diesen Zeiten noch gar nicht gegeben hat.

All dies deutet darauf hin, daß die Auswahl einer Schrift mit Bedacht erfolgen muß und nie aus prinzipiellen oder ideologischen Erwägungen getroffen werden kann. Letztlich ist es wie bei der Handschrift: Die verwendete Schrift ist ein Ausdrucksmittel des Schreibers. Gerade bei Handschriften ist oft erkennbar, daß der Schreiber sich nicht darum schert, ob seine Niederschrift überhaupt gelesen werden kann. Dieses Problem trifft man immer wieder bei Ärzten an, in einem Bereich also, in dem es auf besondere Genauigkeit und die Vermeidung von Übertragungsfehlern ankommt. Ich bin seit vielen Jahren davon überzeugt, daß der unleserlichen Handschrift vieler Ärzte ein seelischer Problemkomplex zugrundeliegt.

Doch ganz abgesehen von der Lesbarkeit verrät der Duktus einer Handschrift vieles über den Schreiber: er erzählt von seinem Selbstvertrauen oder von seiner Bescheidenheit, von der Bestimmtheit seiner Aussagen, von der Verläßlichkeit seiner Gedanken. Dies geht so weit, daß man der Deutung von Handschriften einen ganzen Forschungsgegenstand gewidmet hat. Graphologen können aus der Handschrift Rückschlüsse auf seelische Verwerfungen, frühere Verletzungen und weite Teile des übrigen Charakterbildes ziehen. So weit wollen wir nun gar nicht gehen, gleichwohl macht eine Handschrift immer sichtbar, wie sich der Schreiber auszudrücken vermag und wie er seinen Text präsentieren will. Große, ausladende Schwünge machen einen anderen Eindruck als verklemmt hingehutzelte, zerrissene Wörter. Schon die Wahl des Schreibgeräts gibt Auskunft darüber, was der Schreiber von seiner schriftlichen Äußerung (und vom Leser) hält.

Da gibt es natürlich immer viele Menschen, denen es eigentlich egal ist, womit sie schreiben. Sie benutzen meistens Kugelschreiber, weil sie diese für besonders praktisch halten, und verbinden mit der Tätigkeit des Schreibens keine Kulturleistung und folglich auch keine Kultiviertheit. Diese drückt sich bei ihnen allenfalls durch die Wahl eines besonders hochwertigen Kugelschreibers aus. Doch schon die Tatsache, daß auch in den teuersten Kugelschreibern meistens eine herkömmliche Mine steckt, macht die Kultiviertheit des Edelkulis zum Witz. Dann gibt es die Benutzer von Füllfederhaltern. Sie halten sich normalerweise für die Elite unter den Schreibern, wobei die Verwendung dieses Königs unter den Schreibgeräten oft darüber hinwegtäuscht (und hinwegtäuschen soll), daß es bei aller Form mit dem Inhalt des Geschriebenen nicht immer so weit her ist. Trotzdem bleibt festzustellen, daß die Verwendung von Feder und Tinte durchaus anspruchsvoller ist als das Hinwerfen seiner Texte mit dem Kugelschreiber. Doch auch dieser kann ein gelungenes Schriftbild erzeugen und natürlich auch besonders gute Texte in die Welt bringen.

Die Frage ist also aus Sicht des Schreibers: Wie soll mein Text aussehen? Und dabei ist es gleich, ob es sich um einen handgeschriebenen oder um einen gedruckten Text handelt. Dabei werden wir auch von technischen Entwicklungen beeinflußt. Im Mittelalter schrieb man anders als in der Antike, im Barock wieder anders und danach ebenfalls. Das hat sich immer unmittelbar auf das Erscheinungsbild des jeweiligen Textes ausgewirkt, weil es die Art und Weise des Schreibens verändert. Im Folgenden wird dieser technische Wandel an drei besonders wichtigen Schreibgeräten veranschaulicht, nämlich am Bleistift, am Füllfederhalter und an der Schreibmaschine. Danach wenden wir uns der Schrift selbst zu, aus naheliegenden Gründen geht es dann jedoch um Druckschrift.

Ursprünge des Schreibens – der Bleistift

Seit der Mensch seine Umgebung reflektiert und über sie nachdenkt, drückt er diese Gedanken auch aus. Er bemalte und beschrieb Wände, suchte geeignete Materialien, um darauf seine Gedanken festzuhalten – und er verschaffte sich Schreibgeräte. Auf dem langen Weg, der zwischen dem Faustkeil und der Computertastatur zurückgelegt wurde, fand der Mensch den Stylus, die Rohr- und Gänsefedern, die Stahlfeder, den Füllhalter – und den Bleistift. Und keineswegs verschwanden die Schreibgeräte im Dunkel der Vergessenheit, sobald sie von einer neuen Erfindung abgelöst worden waren: Neben dem Kugelschreiber sind heute noch jene Geräte im Gebrauch, die sich seit Jahrhunderten bewähren und sich dabei als für ihren Zweck am geeignetsten erwiesen haben.

Für den Zweck, etwas Vorläufiges festzuhalten, eignet sich nichts besser als der Bleistift. Er fängt den Geistesblitz, den Einfall, den Entwurf; er begleitet die Entwicklung von der ersten Skizze bis zur Reinzeichnung, die dann von einem anderen Gerät ausgeführt wird. In der Malerei, der Musik, der Literatur und in der Architektur ist es der Bleistift, der das Unausgereifte zu Papier bringt und verändert. Wer ihn zur Hand nimmt, äußert sich unbefangen, denn hier kommt es nicht auf Endgültigkeit und Schönschrift an – man kritzelt, notiert, streicht durch. Das bringt es mit sich, daß durch den Bleistift die Entstehungsprozesse musischer und geistiger Werke weit besser dokumentiert sind denn durch irgend ein anderes graphisches Werkzeug, und dafür gibt es einen guten Grund.

Man verwendet einen Bleistift nämlich grundlegend anders als beispielsweise einen Füllhalter. Indem der Benutzer weiß, daß er einen Bleistift in der Hand hält, arbeitet er schneller, spontaner und vorbehaltlos, weil er sich des provisorischen Charakters seiner Arbeit bewußt ist. Mit einem Bleistift arbeitet man deshalb freier. Was auf diese Weise entsteht, läßt sich noch verändern, überarbeiten, verbessern oder wieder entfernen. Der Benutzer dieses Werkzeuges weiß das und stellt seine Arbeitsweise darauf ein. Von diesen Genesen sind unzählige überliefert – sie geben Einblick in die Entstehung geistiger Werke verschiedenster Art.

In der Antike war der Bleistift noch völlig unbekannt. Plinius und Plutarch schrieben mit angespitzten Bambusfedern, während andere einen kleinen Griffel verwendeten, um Worte in Wachstäfelchen zu schreiben. Im Mittelalter tauchte ein Vorläufer des Bleistiftes auf, der aus einem länglichen Stückchen Blei oder

Silber bestand und einen eher harten, kaum sichtbaren Strich ergab. Im fünfzehnten Jahrhundert wurde in Italien eine Mischung aus Blei und Zinn hergestellt, die bereits sehr gut zum Schreiben und Zeichnen geeignet war. Diese Stäbchen sind die ersten richtigen Vorläufer des heutigen Bleistiftes: Im Gegensatz zu diesem enthielten sie wirklich noch Blei und gaben ihm deshalb den Namen; durch ihre weite Verbreitung wurde die Popularität dieses Werkzeuges begründet.

Um 1658 entdeckte man in Borrowdale in England eine Lagerstätte von Graphit, das man zunächst zum Beschriften von Schafen verwendete. Bald erkannte man die hervorragende Eignung des neuen Materials zum Schreiben und Zeichnen und ersann Möglichkeiten für seine Handhabung. Man spitzte es an und umwickelte es mit Kordel oder umgab es mit einer Hülse aus Metall. Schließlich kam man auf die findige Idee, es mit Holz zu ummanteln, das man nach Bedarf abschnitzen konnte – der Graphitstift entstand. England war stolz auf diesen Bodenschatz, der Graphitpreis stieg in enorme Höhen, und die Ausfuhr des unverarbeiteten Materials wurde mit dem Tode bestraft. Obwohl der Graphitabbau kontingentiert wurde, gingen die Vorräte bald zur Neige. Als nur noch zweitklassiger Graphit gefördert wurde, ging man daran, auch ihn zu verwerten, indem man Versuche anstellte, ihn mit Bindemitteln zu vermischen. Man versetzte ihn mit Schwefel, Leim, Harz oder Antimon, erreichte jedoch nicht mehr die ursprüngliche Qualität. Hinzu kam, daß der Kontinent von den englischen Ressourcen abhängig war und selbst nur minderwertiges Graphit förderte. Als im letzten Drittel des achtzehnten Jahrhunderts Frankreich mit England im Krieg stand, mußte ein neues, grundlegendes Verfahren entwickelt werden, um Graphitstifte herstellen zu können.

Kurz vor dem Beginn des neunzehnten Jahrhunderts kam es in Frankreich und Österreich zu dieser Entwicklung besonderer Tragweite. 1794 entwickelte der Franzose Nicolas-Jacques Conté ein Verfahren, bei den ein Gemisch aus Graphit und Ton in längliche Rinnen eingefüllt und anschließend gebrannt wurde. Zu diesem Zeitpunkt betrieb Joseph Hardtmuth schon vier Jahre lang in Wien eine Fabrik für Steingut und Bleistifte. Er war der Sohn eines Tischlermeisters und hatte zunächst als Architekt des Fürsten von Liechtenstein gearbeitet. Aufgrund seiner Erfindung einer bleifreien Glasur kam er zur Steinguterzeugung, und diese brachte ihn nach seinen Angaben im Jahre 1798 auf den Gedanken, die Bleistiftminen aus Graphit und Ton herzustellen. Wie so viele Erfindungen, entstand also auch der Bleistift, wie wir ihn heute kennen, an verschiedenen Orten – und fast gleichzeitig.

Der Vorteil, durch die Beimischung von Ton nicht nur weniger Graphit zu benötigen, sondern auch minderwertiges Material zu guten Bleistiften verarbeiten zu können, war nicht die eigentliche Innovation des neuen Verfahrens, denn schon früher hatte man das Minenmaterial gestreckt. Was die neuen Stifte zu einer technischen Errungenschaft machte, war die Möglichkeit der Härteabstufung. Ein H steht für „hart", und je größer die davorgestellte Zahl ist, desto mehr Ton enthält die Mine – und desto härter ist sie. B hingegen steht für „black", weil der Strich mit steigendem Graphitanteil immer dunkler wird. Durch die präzise Beimischung von Ton konnte eine verläßliche Skala verschiedenster Härteabstufungen entwickelt werden, mit Stiften zum technischen oder künstlerischen Zeichnen, zum Skizzieren und zum Schreiben.

Waren die Engländer noch von den Unwägbarkeiten der Graphitvorkommen abhängig, so konnte man auf dem Festland bereits Bleistifte mit standardisierten Eigenschaften bekommen. Gleichzeitig wurde die Erzeugung billiger, weil man fortan den gesamten geförderten Graphit verarbeiten konnte. Seit dieser Zeit gliedert sich die Bleistiftherstellung in drei Abschnitte: Zunächst wird die Mine hergestellt, indem das Graphit-Ton-Gemisch durch kleine Löcher gepreßt und anschließend gebrannt wird. Diese Minen werden schließlich noch mit Wachsen und Fetten imprägniert. Der zweite Schritt ist die Umkleidung der Mine mit Holz, und zuletzt wird der Bleistift lackiert, gestempelt, gespitzt und verpackt.

Kurz nach der Entwicklung des neuartigen Schreibgerätes entstanden Nebenformen. Dokumenten- und Tintenstifte enthalten ebenso wie die Kopierstifte anstelle des Graphits einen Farbstoff, der sich bei Berührung mit Wasser als eine Art Tusche herausstellt, die praktisch nicht mehr zu entfernen ist. Die Farbfreudigkeit der Kopierstifte geht sogar so weit, daß man mit einem angefeuchteten Blatt, das man auf die Schrift oder Zeichnung drückt, einen seitenverkehrten Abklatsch herstellen kann. Dokumentenstifte erscheinen zwar auf den ersten Blick wie gewöhnliche Bleistifte, doch läßt sich das, was mit ihnen geschrieben wurde, weder wegradieren noch anderweitig entfernen. Mehr noch: Durch das beim Radieren entstehende Verschmieren dunkelblauer Farbe verraten sie deutlich, daß sich jemand an der Unterschrift oder am Text zu schaffen gemacht hat. Aufgrund ihrer besonderen Eigenschaften waren solche Stifte dort beliebt, wo es auf Beständigkeit ankam – deshalb findet sich zum Beispiel in Kriegstagebüchern öfters eine charakteristische violette Schrift. In Ermangelung echter Tinte hat man auch gelegentlich aus zermahlenen Minen von Kopierstiften eine sehr starke „Ersatztinte" hergestellt. Kopier- und Dokumentenstifte werden auch heute noch hergestellt, haben aber hellere Farben als ihre Vorläufer. Auch sie lassen sich nicht mehr wegradieren.

Die Bleistifterzeugung nahm einen rasanten Aufschwung, und Hardtmuth verlegte 1847 die Fabrikation nach Budweis. Für diesen Produktionsstandort sprachen nicht nur die niedrigen Lohnkosten, sondern auch die böhmischen Graphitvorkommen und somit kürzeren Transportwege. Die Fabriken in Budweis existieren heute noch und produzieren Bleistifte, Schreib- und Büroartikel. Bald lancierte die Firma Hardtmuth einen Stift, der etwas besonderes sein sollte und deshalb nach einem berühmten Diamanten benannt wurde: den Koh-i-Noor. Den Diamanten fand man in Indien und brachte ihn nach England, sein Name bedeutet „Berg des Lichtes". Auf der Weltausstellung, die 1851 in London stattfand, wurde der Diamant gezeigt, und die Besucher konnten auch Graphitbrokken sehen: Kohlenstoff in verschiedener Form.

Wegen der chemischen Gleichheit von Graphit und Diamant, aber auch wegen der besonderen Eigenschaften des neuen Bleistiftes gaben ihm die Erzeuger den Namen Koh-i-Noor, und einige Zeit später wurde auch die Firma Hardtmuth so genannt. In Anlehnung an die habsburgischen Farben gestaltete man den Bleistift schwarz-gelb, indem man ihn gelb lackierte, weil die Mine ja bereits schwarz war. In der zweiten Hälfte des neunzehnten Jahrhunderts war infolge dessen ein gelber Bleistift das Synonym für besondere Qualität, und es kamen zahllose gelbe Konkurrenzstifte auf den Markt, von denen der Großteil minderwertig war. Der tschechische Betrieb, 1919 von der österreichischen Mutterfirma losgelöst, produziert bis heute unter dem Namen des Diamanten, während die österreichische Firma Koh-i-Noor Hardtmuth AG im Jahre 1996 in Konkurs gegangen ist.

Deren Firmengeschichte wäre eigentlich seit 1996 beendet: 1967 hatte man aus dem alten Familienbetrieb eine Aktiengesellschaft gemacht, 1992 ein gewaltiges Verwaltungsgebäude in Wien-Schwechat errichtet, und schon vier Jahre später meldete die Firma Konkurs an. Darauf wurden der Geschäftsmann Hans Hromatka und sein Sohn Alexander aufmerksam. Beide sind große Liebhaber von Bleistiften, und sie gingen daran, aus dem burgenländischen Produktionsstandort eine Bleistiftproduktion entstehen zu lassen, die der traditionsreichen Firmengeschichte gerecht würde. Bereits ein Jahr nach der Firmenübernahme präsentierten sie die neue Marke „Cretacolor". Daß sie ihre Bleistifte weder Koh-i-Noor noch Hardtmuth nennen dürfen, liegt an lizenzrechtlichen Umständen: Der gut eingeführte Markenname ist für die tschechische Firma geschützt. Unter anderem Namen, aber im gewohnten gelben Kleid und mit den bekannten Eigenschaften stellen Sie auch den einstigen „Koh-i-Noor“, jenen traditionsreichen Edelbleistift wieder her, der seit 1889 von zahllosen Schülern, Künstlern, Komponisten, Gelehrten und Konstrukteuren verwendet wurde.

Von der Entwicklung des modernen Bleistiftes bis zum Unterfangen der Bleistiftfabrik Hirm, an die beachtlichen Umsatzzahlen des Vorgängers anzuknüpfen, liegen zweihundert wechselvolle Jahre, in denen sich neben der Firma Koh-i-Noor Hardtmuth noch weitere Bleistifthersteller profilieren konnten. Aus dem Spektrum bekannter Markennamen sei noch ein weiteres österreichisches Unternehmen erwähnt, das besonders bei Kindern bestens bekannt ist. Im Jahre 1800 eröfnete Ignaz Urban in Wien eine Schmiede, 1832 gründete Carl Wilhelm von Brevillier in Neunkirchen eine Schraubenfabrik. Im Jahre 1900 fusionierten die Firmen und bauten ein österreichisches Schraubenimperium mit sechs großen Fabriken auf. 1925 kauften sie die Grazer Bleistiftfabrik „Zeus“, und 1965 führten sie die Marke „Jolly“ ein. Dabei handelt es sich um den fröhlichen Kinderstift: ungiftig, bruchfest und farbenfroh. Ein kleiner grüner Narr lächelt auf jeder Schachtel und ist heute nach einer Umfrage des Gallup-Instituts bereits 91 % der Kinder von sechs bis vierzehn Jahren bekannt. Dieses Markenbewußtsein ist vor allem darauf zurückzuführen, daß man eine auf die Zielgruppe zugeschnittene Vermarktungsstrategie entwickelt und konsequent umgesetzt hat. Durch kindgerechte Aktionen und Wettbewerbe sowie durch Werbefilme zur besten Kindersendezeit gelang es dem Unternehmen, aus einem Buntstift den führenden Kinder- und Schulstift Österreichs zu machen.

Doch im wesentlichen ist ein Bleistift immer ein Bleistift. Daran ändert auch seine Metamorphose zum teuren Edelschreibgerät nichts, die sich im Hause Faber-Castell vor einigen Jahren vollzog. Dort wurde eine Sorte entwickelt, die nicht mehr sechskantig gehobelt und lackiert, sondern wie eine antike Säule kaneeliert und mit einer edlen Abschlußkappe versehen wurde. Zusammen mit allerlei noblem Zubehör sind diese Bleistifte für den gediegenen Arbeitsplatz gedacht. Neben der Würdigung eines lange unterschätzten Geisteswerkzeuges liegt darin wiederum die Ansprache einer bestimmten Zielgruppe, die solche Stifte zur Distinktion verwenden soll. Aber so schön und edel diese Stifte auch sind: In der Praxis sind sie ganz normale Bleistifte.

Hochkultur des Schreibens – der Füllhalter

Als ich in den späten siebziger Jahren aufs Gymnasium kam, gab es dort teilweise noch die ganz alten Schultische mit einem Loch fürs Tintenfaß darin. Ja, unsere Vorgänger hatten hier noch mit der Stahlfeder geschrieben. Auch wir brauchten Stahlfedern, aber nur für Kunst. Damals bekam man sie noch einzeln für 20 oder 30 pf. in Zeitschriftengeschäft. Diese Redisfedern in verschiedenen Strichstärken brauchten wir für Zierschriften. Ansonsten schrieb jeder mit dem Füllhalter.

Irgendwann steigt man auf den Kugelschreiber um, weil man ihn so praktisch findet. Aber schöner schreiben kann man damit nicht. Ich kenne keine schönere Reue als die, die mich zurück zum Füllhalter geführt hat. Zum Kolbenfüllhalter mit Goldfeder, und zwar nicht für die Sonntage oder Weihnachtspost, sondern für den ganz profanen Alltag. Denn der Füllhalter ist dasjenige Schreibgerät, das einen geschriebenen Zettel schön und bedeutsam macht. Man merkt dem Geschriebenen an, daß es Ausdruck von Gedanken ist. Schreibt man mit Kuli, erscheint es oft nur als Ausdruck von Gedankenlosigkeit.

Wer einen guten Füllhalter benutzt, dem geht es nicht um Kalligraphie, sondern um eine schöne Schrift. Das ist ein großer Unterschied, und zwar hinsichtlich des dahinterstehenden Gedankens. Kalligraphie ist eine Kunst für die Anlässe. Eine gute Handschrift ist eine Frage der Lebenshaltung – und natürlich auch der Übung. Wer mit dem Füllhalter schreibt, der bemüht sich nicht nur sonntags um hübsche Buchstaben, sondern ihm geht es um die bessere Schrift. Da die Handschrift die Visitenkarte des Menschen ist, ergeben sich aus einer gepflegten Handschrift große Vorteile für das ganze Leben.

Der Füllhalter geht auf die antiken Rohrfedern zurück, mit denen im klassischen Altertum ganze Bücher vollgeschrieben wurden. Ihnen verdanken wir die Werke großer Denker wie Sokrates, Plutarch, Seneca oder Plinius. Ein großer Sprung durch die Zeit macht uns mit der kunstvoll zurechtgeschnittenen und hinten zusammengestutzten Gänsefeder bekannt, mit der im Barock und in der Weimarer Klassik so ziemlich alles aufgeschrieben wurde, von den Leiden des jungen Werther bis zu Rechtshändeln, Briefen und Inventaren. Betrachtet man heute die Zeugnisse dieses Schreibens, so fällt vor allem die Klarheit und Gleichmäßigkeit der Schrift auf. Die Schreiber schrieben eben viel und beherrschten deshalb das Schreibgerät wie im Schlaf. Und das, obwohl man ab und zu den Kiel in die Tinte tauchen mußte, weil er leergeschrieben war. Nun war das aber auch andere Tinte als heute. Sie war ergiebiger und floß besser, lediglich ihr hoher Säuregehalt macht bis heute den Archivaren und Restauratoren erhebliche Sorgen, weil er das Papier zerstört.

In Europa hatten Vogelfedern bereits im 4. Jahrhundert das Schilfrohr abgelöst. In anderen Kulturräumen, etwa im Orient, blieb es noch geraume Zeit bei der Rohrfeder. Die erste stählerne Schreibfeder wurde 1748 in Aachen erfunden, aber erst hundert Jahre später setzte sich dieses neue Schreibgerät durch. 1822 begann in England die Massenherstellung, in den 1830er Jahren kamen die Stahlfedern in Hamburg auf, 1842 begann auch in Deutschland ihre fabrikmäßige Herstellung. Da diese Federn durch die saure Eisengallustinte angegriffen wurden, entwickelte man bald auch neue Schreibtinten. Viele Jahrzehnte lang war der Federhalter das Schreibgerät schlechthin – man tauchte die Feder ins Tintenglas und schrieb ein paar Sätze, dann tauchte man sie wieder ein. Der Wunsch nach einem Schreibgerät, das seinen Benutzer dieser Pflicht überheben könnte, führte zur Erfindung des Füllfederhalters. Die ersten Geräte funktionierten jedoch noch ganz anders als die, die wir heute kennen.

Die Firma Waterman in Nordamerika gilt als der erste Hersteller von Schreibfederhaltern mit eingebautem Tintentank. Man kann solche sogenannten „Eyedropper"-Füllhalter auch heute noch kaufen, in Indien beispielsweise sind sie völlig alltäglich. Man schraubt sie auf, füllt ihren Schaft mit Tinte und schraubt sie wieder zu. Keine komplizierte Technik kann ausfallen, außerdem reicht der Tintenvorrat sehr, sehr lange. Nun konnte man ein Schreibgerät in die Tasche stekken, das überall, auch unterwegs, immer schreiben würde. Endlich konnte man Ideen aufschreiben, wenn sie einem einfielen. Wieviel verdankt die Menschheit dieser Neuerung!

Doch bald wurden auch diese Schreibgeräte weiterentwickelt. Füllsysteme machten das Befüllen des Schreibgeräts praktischer, sie waren aber auch anfälliger. Zunächst legte man einen Gummisack in den Schaft ein, der durch einen Knopf oder einen Hebel zusammengedrückt werden konnte. Später wurde das Kolbensystem entwickelt, bis heute die Königsklasse der Füllhalter. Die danach entwickelte Tintenpatrone verteuerte das Schreiben mit Füllhaltern extrem, was vor allem Schulkindern gegenüber hinterhältig ist. Daß Patronen sauberer oder praktischer wären als das gute alte Tintenglas, gehört ins Reich der Werbemärchen. Dauernd sind sie nämlich leer, dauernd muß man neue kaufen – und was die Sauberkeit betrifft: Wir Schulkinder zerbissen schon mal eine, und das gab eine schöne Sauerei.

Die Entwicklung des Füllhalters kann nicht erzählt werden, ohne auch etwas über seine Schreibfeder zu sagen. Parallel zur Verwendung der Stahlfeder gab es die Glasfeder, und es wurden auch Füllhalter damit bestückt. Ihr Vorteil ist, daß man mit ihr durchschreiben kann, wenn man über Kohlepapier schreibt. Ihr Nachteil ist, daß sie gar nicht federt. Sehr hoch angesehen sind Goldfedern. Man schreibt aber nicht mit dem Gold selbst, denn dieses ist so weich, daß es sich alsbald abnutzen würde. Vorne an den Goldfedern befindet sich ein angeschweißtes, kugelförmiges Stück Iridium. Das ist so hart, daß es dauerhaft den Schleifvorgängen beim Schreiben standhält.

Tatsächlich unterscheiden sich die Füllhalterfedern sehr stark. In der ersten Hälfte des zwanzigsten Jahrhunderts gab es sehr nachgiebige, weiche Federn. Das führte zu einem sehr lebendigen, ausdrucksstarken Schriftbild. Später tauchten Füllhalter mit verdeckter Feder auf (in den fünfziger Jahren), und heutige Federn sind zwar hübsch gestaltet, weisen jedoch nicht mehr so gute Schreibeigenschaften wie ihre Vorgänger auf, die allerdings auch empfindlicher waren. Auch Stahlfedern sind sehr empfehlenswert. Es gibt auch schon Federn aus Titan, das sich durch seine Elastizität empfiehlt und ein ungewohnt federndes Schreibgefühl vermittelt.

Als Material für die Füllhalter wurde oft Ebonit verwendet, ein frühes Hartgummi mit sehr guten Eigenschaften. Später kamen Schreibgeräte aus Zelluloid auf, dann solche aus Kunststoff. Es gab immer auch Füllhalter mit Metallummantelung, auch solche aus Silber oder Gold. Besonders hochwertig sind Füllhalter mit einer ganz dünn ausgearbeiteten Oberfläche aus Hartholz. Selbst gebraucht kostet so ein „Cristoforo Colombo II“ oder ein „Amerigo Vespucci“ von der italienischen Edelfirma OMAS gut und gerne 600 Euro. Es geht je nach Material und Veredelung auch noch viel teurer.

Wesentlicher scheint ein anderes Segment zu sein, nämlich das der guten Alltags-Füllhalter, die einerseits sehr gut gemacht sind und vor allem sehr gut schreiben, andererseits aber nicht so teuer sind. In diesem Bereich gibt es eine Menge zu entdecken. Ein gutes Stück deutscher Füllhaltergeschichte rollt sich da auf, gerade auch abseits der bemüht noblen Marke Montblanc und dem nur scheinbar so traditionsbewußten Pelikan-Füllhalter. Wenn beispielsweise die Marke KaWeCo, die nach einer wechselvollen Geschichte, in der eine ganze Reihe heute sehr gesuchter Klassiker entstanden ist, heute nicht nur Neuauflagen der bekannten Taschenfüllhalter „KaWeCo Sport“ anbietet, sondern tatsächlich auch Neuentwicklungen, dann sieht man, daß die Geschichte weitergeht. Ein Beispiel: Der „Liliput“, heute der kleinste Füllhalter der Welt und vor allem für Notizbücher und Brieftasche sehr gut geeignet, wurde schon 1910 hergestellt – aus Hartgummi. Jetzt gibt es diesen Füllhalter wieder, allerdings aus Aluminium. Wenn man den Deckel hinten an den Schaft anschraubt, ist das Schreibgerät groß genug für eine bequeme Handhabung. Zusammengesteckt paßt es in jede Tasche. Die Federn werden von der bekannten Firma Bock in Heidelberg geliefert. KaWeCo bietet außerdem Kalligraphie-Füllhalter mit auswechselbaren Federn in verschiedenen Strichbreiten an.

Interessanter sind jedoch historische Füllhalter aus dem Antikhandel. Sehr empfehlenswert ist dann einer der bereits erwähnten Eyedropper. Einerseits haben diese Schreibgeräte sehr angenehme Federn, es gibt sie in verschiedenen Feinheiten und Biegsamkeiten. Selbst als Linkshänder kann man damit gut schreiben, wenn man nicht zu grob damit umgeht. Diese sehr einfachen Schreibgeräte haben den großen Vorteil, daß sie keine beweglichen Teile enthalten, die ausleiern, verkleben oder abnutzen können, wie es oft bei Kolbenfüllhaltern der Fall ist. Außerdem fassen sie eine vergleichsweise große Menge an Tinte.

Sie haben lediglich ein einziges Problem, das sich aus ihrer Bauart ergibt: Weil sich die Tinte unmittelbar im Schaft befindet und dieser in der Hand des Schreibenden erwärmt wird, dehnt sich die darin befindliche Luft aus und drückt die Tinte heraus. Dieser Effekt kommt vor allem dann zum Tragen, wenn der Tintenvorrat bereits zur Neige geht. Dann muß man aufpassen, denn das Schriftbild kann dann etwas saftiger werden. Wenn man den Grund kennt, kann man auch leicht gegensteuern. Wer den Füllhalter nie ganz leer schreibt, dem kommt auch kein Klecks unter.

Solche Schreibgeräte, die um die Jahrhundertwende sehr beliebt waren, kann man in Internet-Auktionshäusern schon für 40 Euro bekommen. Das ist sehr günstig, wenn man bedenkt, daß man für einen herkömmlichen neuen Füllhalten ungefähr ebensoviel bezahlen muß. Die alten Schreibgeräte sind voller Geschichten, die niemand mehr ergründen kann, die aber bis heute in ihnen stecken. Manche reisten um die halbe Welt, mit anderen wurde Geschichte gemacht oder wurden Schicksale besiegelt. Mit manchen wurden große Werke der Literatur verfaßt, mit manchen bitterböse Briefe, wieder mit anderen Bittgesuche und Liebesschwüre. „Die Bücher haben ihr Schicksal“, wußte man schon in der Antike. Die Füllhalter haben ihres ebenfalls. Als die am höchsten entwickelten und geschichtsreichsten Schreibgeräte tragen sie unsere Kultur und geben unseren Gedanken Gestalt. Vielleicht ist das der beste Grund, Ihnen auch im Alltag unsere Wertschätzung entgegenzubringen.

Haben wir uns bis hierhin um Schreibgeräte für die Hand gekümmert, mit denen man jedes Blatt von oben bis unten überstreicht, um auf ihm seine Gedanken in sehr persönlicher und zuweilen eigenwilliger Form zu verewigen, so wenden wir den Blick nun einer Errungenschaft zu, die einer Entwicklung die Pforten öffnete, die erst in unserer Zeit richtig zum Durchbruch kam. Diese Entwicklung ist die Mechanisierung, Zerlegung und Digitalisierung der Schrift. Und die Maschine, mit der das Schreiben ganz neue Gestalt gewinnen sollte, war die Schreibmaschine.

Massenhaft schreiben – die Schreibmaschine

Das Geklapper eines Büros oder einer Amtsstube ist manchem noch in Erinnerung, und wenn man das selten gewordene Vergnügen hat, wieder einmal eine richtige Schreibmaschine zu hören, kann einen eine seltsame Mischung aus Wehmut, Befremden und Nostalgie beschleichen. Wer sich vielleicht auch noch darauf eingelassen hat, die Prüfungsarbeit zum Abschluß seines Studiums auf einer Schreibmaschine zu verfassen, weiß, aus welchem Holz man sein Werk herausgearbeitet hat und wie handwerklich die Abfassung stellenweise war. Oha – handwerklich? Das sahen die Gegner dieser Erfindung bei deren Einführung aber ganz anders. Sie hielten es für unangemessen und entfremdend, wenn Autoren zum Erzeugen eines Buchstabens nur noch auf einen Knopf zu drücken brauchen.

Übrigens wurde mit ähnlicher Begründung einst auch die Mundharmonika von puristischen Kreisen befehdet, weil mit ihr kein Ton eigentlich erzeugt, sondern nur ein bereits mechanisch vorgefertigter Ton aus dem Brettchen herausgeblasen würde. Diese Leute ahnten wohl nicht, was Virtuosen seither mit diesem Instrument so anstellen. Sie hätten aber wissen können, daß ihre prinzipielle Kritik ebensosehr auf das Pianoforte hätte angewendet werden können – die unbestrittene Königin der Musikinstrumente. Die kleine Abschweifung soll den Gedanken zeigen: Schrift auf Knopfdruck war den Menschen damals etwas unheimlich. Die zugrundeliegenden Prinzipien stammten zum Teil aus dem 18. Jahrhundert, denkt man etwa an Webstühle mit Lochkartenprogrammierung oder an die optische Telegraphie. Die Erfindung des Buchdrucks mit beweglichen Typen lag viel länger zurück, und die mühevolle Arbeit des Handsatzes war durch die Typensetzmaschinen entbehrlich geworden, deren erste im Jahre 1822 patentiert worden war.

Wem es lieber war, weiterhin mit der Feder zu schreiben, der konnte das ja tun. In vielen Bereichen, gegenüber denen die Schreibstuben nachdenklicher Autoren ja nicht einmal besonders umsatzstark waren, setzte die Schreibmaschine zu einem großem Siegeszug an. Die wirtschaftliche Entwicklung im 20. Jahrhundert wäre ohne sie wesentlich flacher verlaufen. Entfremdung hin oder her: Die Schreibmaschine sorgte auf jeden Fall dafür, daß mehr Texte lesbar waren, denn auch unter den Benutzern von Stahlfedern gab es schlechte Handschriften. Außerdem war die Schreibmaschine schneller. Der Beruf der Stenotypistin entwikkelte sich und brachte zahlreichen Frauen und Mädchen Arbeit und finanzielle Unabhängigkeit. Und diese Entwicklung ging weiter.

Die Norm ist heutzutage der Computer, und auch dieser Wandel vom einen zum anderen Schreibgerät wurde nicht ohne Geburtswehen vollzogen. So war in einem Artikel, den einst Jürgen Dahl für die ZEIT schrieb, davon zu lesen, welcher Kulturverlust mit der Einführung des Computers verbunden ist, und an anderer Stelle hörte man gar aus dem Anschlag einer richtigen Schreibmaschine den Es-Dur-Akkord der Lebensfreude. Dahl jedenfalls zeigte schlüssig, daß ein mit der Maschine geschriebener Text besser ist, weil er auf diese Weise möglicherweise besser überlegt und durch mehrmaliges Abschreiben gleichsam wie ein Teig gründlich durchgeknetet ist, und tatsächlich gaben auch mir die gelegentlichen Tippex-Pausen beim Schreiben meiner Abschlußarbeit willkommene Gelegenheit, zu überlegen, was eigentlich im Satz stehen sollte.

Der Computer hingegen verleitet zum Heruntertippen von Textbausteinen, die man am Bildschirm beliebig ändern, zerstückeln, vermischen und kombinieren kann, und das Resultat zeigt zuweilen noch deutlich die Nahtstellen, wo sich der eingeschobene Textbaustein nicht recht heimisch fühlt. Die Möglichkeit, einen Text im Nachhinein hier und dort zu verändern, kann praktisch sein, erzeugt jedoch fast immer nur Flickwerk. Das Geschriebene muß ein Fluß der Gedanken sein, und da wird man mit Umstellungen und Eingriffen eher Schaden anrichten als das Werk verbessern. Das Verschwinden des letzten Rests an Handwerklichkeit beim Schreiben trägt, so hallt die einstige Schreibmaschinen-Kritik nach, auch jetzt wieder zum Entfremden des Autors von seinem Werk bei. Gleichwohl: Jeder Autor kann es anders halten.

Ein besonderer Vorteil der Schreibmaschine ist vor allem ihre Unabhängigkeit und Robustheit. Solange das Farbband hält, funktioniert sie immer und überall, sie braucht keinen Strom, und das Geschriebene ist ein gegenständliches Erzeugnis, das nicht „abstürzen" oder „gelöscht werden" kann. Außerdem hat man alles mehr oder weniger in der Reihenfolge der Gedanken herunterzuschreiben. Dies sind Aspekte, die das Arbeiten mit der Schreibmaschine in den Augen Ihrer Befürworter zu einer Kulturtechnik erheben, die alles andere als anachronistisch ist und zu guten Ergebnissen führt.

Was bisher noch keine Erwähnung fand, ist die gute Schule, die die Schreibmaschine ihrem Besitzer beschert. Wer den Computer benutzt, vorher jedoch Erfahrungen mit der Schreibmaschine gesammelt hat und sie vielleicht weiterhin nebenher benutzt, wird auf bessere Resultate hoffen dürfen, da sich notwendigerweise bei der alten Technik der Text zunächst im Geist des Autors wie in einem Reservoir ansammelt und erst dann gegenständlich wird. Das Schreiben auf einer modernen Computertastatur entledigt den Verfasser dieser Gedankenschleuse: Alles kann sich ungeprüft in all seiner Dumm- und Fehlerhaftigkeit in eine Datei ergießen, die dann möglicherweise in dieser rohen Form abgegeben wird. Wer mit dieser Technik aufwächst, wird hart arbeiten müssen.

Der Verkauf eines Gegenstandes zielt schon lange darauf ab, daß der Käufer möglichst bald noch etwas anderes kaufen muß und kaum Reparaturmöglichkeiten hat. Die Tastatur eines Computers wird eher ausgetauscht denn repariert, ein technisches Gerät benötigt heutzutage Strom, und ein brandneues Textverarbeitungsprogramm ist nach zwei Jahren schon völlig veraltet. Diese Nebenkosten machen den eigentlichen Gewinn am Produkt aus. Dabei wird vergessen, daß man auch heute noch Firmen finden kann, die einem für wenig Geld ein ß-Zeichen in die Schreibmaschine hineinlöten. Besonders diejenigen, die sich für ihren Computer alle paar Jahre ein neues Anwenderprogramm, ein „Setup“ oder den neuesten „Virenscanner“ zulegen müssen, sind plötzlich etwas bedrückt, wenn sie hören, daß mit einer Schreibmaschine ein Text heute so gut und zuverlässig geschrieben werden kann wie in zwanzig Jahren, und das ganz ohne Strom.

Es gibt jedoch einige Vorteile des Computers, die die Schreibmaschine nun einmal nicht bietet, und dazu gehört vor allem die wirklich leichte Verarbeitung, Vervielfältigung und der Transport von Schrift. Die Möglichkeiten des Computers liegen in seiner Vernetzungsmöglichkeit, im blitzschnellen Zugriff auf irgendwelche Dinge, die man aus gewaltigen Datenmengen heraussuchen möchte, in der gleichsam fabrikmäßigen Verarbeitung eines Briefes und einer Anschriftenkartei zu einem großen Stapel fertig adressierter Serienbriefe und dergleichen mehr. Gerade bei Verzeichnissen, Karteien und Katalogen hat der Computer große Vorteile und Erleichterungen gebracht. Während man beispielsweise für ein Buch in jeder Bibliothek, in der es vorhanden war, ehedem einige Katalogkarten mit der Schreibmaschine geschrieben hat, so wird dieser Text heute nur noch einmal eingegeben und ist dann gleichzeitig in vierundzwanzig österreichischen Bibliotheken verfügbar. Und der Benutzer muß nicht mehr mit komplizierten Katalogisierungsregeln kämpfen, sondern hat zum Beispiel die Möglichkeit, einen bestimmten Autor in Verknüpfung mit einem bestimmten Erscheinungsort zu suchen.

Die Nostalgiker, die den Computer an der Schreibmaschine messen, reduzieren den Vergleich auf die Funktion des reinen Schreibens für literarische Zwecke, und da schneidet die Maschine sicher besser ab. Wer lange am Computer arbeitet, wird vielleicht zwischen dem blassen Geflimmer des Bildschirmes und dem monotonen Kunststoffklang der Tastatur, wo es kein „Sssst–“ und kein „Ping!“ gibt, an den rustikalen Klangkörper einer Olympia oder Adler zurückdenken, und es war nur eine Frage der Zeit, bis Computerprogramme auftauchten, die den Rechner zu solchen Klängen befähigte. Das gab jene, die im ersten Eifer die Schreibmaschinen auf den Müll geworfen und sich der neuen Technik unterworfen haben, ein bißchen der Lächerlichkeit preis.

Wer heute wirklich lieber mit der Schreibmaschine schreiben möchte, dabei aber nicht auf die Vorteile digitaler Textverarbeitung verzichten möchte, der kann seine Schreibmaschine ohne weiteres mit einem Nachrüstsatz bestücken. Dann kann sie entweder als Tastatur an den Computer angeschlossen werden – oder sie speichert den mechanisch geschriebenen Text auf einer kleinen Speicherkarte, von wo aus er dann für die Nachbearbeitung zur Verfügung steht. Niemand kann also sagen, er werde zum Benutzen des Computers gezwungen.

Dabei wird zweierlei vergessen. Als vor etwas mehr als hundert Jahren die Schreibmaschine ihren Siegeszug begann, wurde sie genauso angefeindet wie später der Computer. Von Entfremdung des Autors von seinem Werk war die Rede, wenn man die Buchstaben nur noch eintippen würde, statt sie weiterhin mit der Stahlfeder zu schreiben. Als dann um 1920 die ersten Füllhalter aufkamen, hatte man sich an die Schreibmaschine einigermaßen gewöhnt, lehnte nun aber das neue Schreibgerät ab, weil es keine Haar- und Schattenstriche ermöglichte wie die Stahlfeder. Schreibmaschine und Füllhalter brachten damals große Erleichterungen und bessere Möglichkeiten, zum Beispiel die Unabhängigkeit vom Tintenfaß. Abgelehnt wurde übrigens auch der Kugelschreiber, der in den Anfangszeiten allerdings auch ein fürchterliches Schriftbild erzeugte. Bis heute ist er noch heftigen Angriffen ausgesetzt, weil er der Ausbildung einer sauberen und lockeren Handschrift entgegenwirkt.

Das zweite, was man bei aller Trauer leicht übersieht, ist die prinzipielle Konsequenz in der Entwicklung von der Handschrift über die Schreibmaschine zum Computer. Einen Buchstaben durch Knopfdruck zu erzeugen, also nicht mehr selbst zu schreiben, sondern von einer Maschine schreiben zu lassen, ist bereits mit der Schreibmaschine und auch schon mit der Setzmaschine eingeführt worden, nicht erst mit dem Computer. Einen Text in mechanisch handhabbare Elemente zu zerkleinern, die vom Autor sinnvoll aneinandergereiht werden können, ebenfalls. Die Grundlagen dazu waren bereits mit der Erfindung des Buchdrucks geschaffen worden.

Daher ist der Computer als logische Weiterführung des Weges zu sehen, der nicht erst mit der Schreibmaschine beschritten wurde, und wer den Computer ablehnt, muß daher auch die Schreibmaschine und ihre Vorgänger ablehnen. Die Feuilletonisten, die heute das Wehklagen über das Ende einer Kulturtechnik anstimmen, nur weil sie ihre Texte auf Diskette einreichen müssen, hätten vor hundert Jahren ähnliches über das Ende der Stahlfeder geschrieben. Sie vergessen, daß sie ihre Texte über die Telephonleitung in die Redaktionen einspielen können, daß sie sie leicht transportieren, billig verschicken und platzsparend archivieren können und daß jeder Transfer geschieht, ohne daß sich auch nur ein einziger Fehler in den Text einschleicht.

Die Verfechter der Schreibmaschine beklagen, ihre Texte nicht als Typoskript abgeben zu können. Doch mittlerweile hat der Computer lesen gelernt und man kann ihm auch ein Typoskript geben, das er sorgfältig liest – Texterkennungsprogramme sind heute wirklich sehr weit entwickelt. Er befähigt auch zum Verfassen von Texten in Schreibmaschinenschrift. Und er hat sogar hören gelernt: Man kann vom Computer gesprochene Sprache in Text verwandeln lassen. Und aus allem, was man ihm an Texten gibt, macht er gefällige Textbilder, die allesamt typographisch nicht in Ordnung sind, aber so aussehen wollen, als seien sie handgesetzt. Und das in Textschriften, die es zwar in ungeheurer Menge gibt, von denen aber immer wieder dieselben vier oder fünf auftauchen, am häufigsten „Times New Roman“, von der nicht einmal ein halbes Prozent der Benutzer wissen dürfte, seit wann es sie gibt und zu welcher Gruppe von Schriften sie gehört.

Daran wird das eigentliche Problem des Computers deutlich: die Nachmacherei und die Gleichmacherei. Nachmacherei, weil der Computer den handgesetzten und im Buchdruck vervielfältigten Text nachahmt, ohne seine Wesensmerkmale zu haben. Ein gesetzter Text ist im Idealfall nach dem geschulten Augenmaß eines erfahrenen Typographen ausgeglichen und daher nicht nur im Gesamtbild schön, sondern auch als Text angenehm und flüssig zu lesen. Der Ausgleich der Zwischenräume zwischen Buchstaben und Wörtern erfolgt beim Computer nach einigen mehr oder weniger schlauen Standardregeln, wobei der optische Gesamteindruck ebenso unberücksichtigt bleibt wie die Tatsache, daß etwas, das ein Mensch lesen soll, auch von einem Menschen gesetzt sein sollte. Grobe Fehler bei kleineren Schriftgraden seien nur am Rande erwähnt. Die Gleichmacherei liegt in der bereits erwähnten Tatsache, daß heute kaum Unterschiede zwischen verschiedenen Texterzeugnissen zu erkennen sind. Alle verwenden üblicherweise dieselbe Schrift in denselben Größen mit demselben Zeilenabstand, und die Drucker geben die gleichartigen Texte in optischer Gleichförmigkeit wieder.

Die Schreibmaschine bietet überhaupt keine Typographie, sondern normalerweise sechzig gleich breite Felder pro Zeile, und das macht sie in dieser Hinsicht sympathisch. Sie gibt eine Typographie nämlich im Gegensatz zum Computer gar nicht erst vor. Und abgesehen von der wirklich gleichförmigen und standardisierten „Pica"-Schreibmaschinenschrift gab es in der Anfangszeit dieser Geräte auch noch einige andere Schriften, später gab es sogar Frakturschriften auf Schreibmaschine, und gegen Ende der Entwicklung tauchten sehr „technische", kantige Schriften neben sehr ansprechenden Typenrad- und Kugelkopfschriften auf. Zumeist schreibt man „Pica", wenn man sich einer Schreibmaschine bedient, und darin liegt wie beim Computer eine deutliche Gleichförmigkeit.

Gegentrends werden spürbar, wenn etwa restaurierte und funktionstüchtige Schreibmaschinen im gehobenen Versandhandel auftauchen und die etwas snobistische Erklärung: „Computer? – Damit habe ich überhaupt nichts zu tun!" bei einigen Geschichts- oder Philosophiestudenten eine Weile besonders schick war. Manche Schriftsteller haben sich dazu bekannt, einige Schreibmaschinen in Ölpapier verpackt und im Keller eingelagert zu haben. Der Irrwitz dieser Ansätze zeigt, daß die Schreibmaschinenkultur sich mitten in der Agonie befindet. Mit der Restaurierung von Schreibmaschinen Arbeitsplätze zu sichern, ist sinnvoll und gut, doch wird man damit nicht die „Kulturtechnik" des Maschinenschreibens über den Wirbelwind der Computertechnik hinwegretten können, wenn nicht der Wert der Schreibmaschine allmählich auch wieder im kleinen Büro, im Privathaushalt und auf der Amtsstube erkannt wird und vor allem die Hersteller endlich wieder vernünftige, stabile Geräte anbieten. Und selbstverständlich wird der blasierte Philosoph, der mit seiner Rückwärtsgewandtheit kokettiert, bei der ersten Literatursuche sehr wohl am Computer sitzen, wenn er zu ernsthaften Ergebnissen gelangen will.

Wer Kulturtechniken zu nutzen und anzuwenden gedenkt, wird allen Errungenschaften ihren sinnvollen Platz zuweisen. Man braucht sich nicht von seiner Schreibmaschine zu trennen, wenn man sich einen Computer besorgt, wie man sich auch nicht bei Anschaffung einer Schreibmaschine von seinem Füllhalter, bei Anschaffung eines Füllhalters von seiner Stahlfeder, bei Anschaffung einer Stahlfeder von seinem Gänsekiel, bei Anschaffung eines Gänsekiels von seiner Rohrfeder, bei Anschaffung einer Rohrfeder von Diptychon und Stylus und bei Anschaffung letzterer von Hammer und Meißel zu trennen brauchte. Zur Wiederanschaffung einer Schreibmaschine kann man sogar seinen Computer benutzen, denn einstweilen helfen sich die Benutzer normaler Rechner mit sogenannten Simulatoren, die das Geräusch einer Schreibmaschine mulatoren, die das Geräusch einer Schreibmaschine am digitalen Arbeitsplatz erlebbar machen.

Nun wird aus einem Computer natürlich keine Schreibmaschine, wenn man sich ein Programm besorgt, das beim Anschlagen einer Taste ein Schreibmaschinengeräusch abspielt. Solche Programme gab es bereits vor Jahren, inzwischen sind es jedoch deutlich mehr geworden – was deutlich macht, wie sinnvoll sie sind. Ihr Wert liegt darin, dem Schreibenden eine deutliche Rückmeldung zu geben. Arbeitsästhetisch könnte man auf den Bezug des Schaffenden zu seinem Werkstück zu sprechen kommen. Das Schreiben auf einer Tastatur ist ein irgendwo auch sinnlicher Vorgang, der mit den plastikhaften Knipsgeräuschen moderner Tastaturen nicht so lustvoll erlebt wird wie auf dem metallischen Klangteppich einer Schreibmaschine.

Wer lange am Computer arbeitet, wird sich vielleicht zwischen dem blassen Geflimmer des Bildschirmes und dem monotonen Kunststoffklang der Tastatur an die alten Zeiten zurückerinnern, und ein Stück weit kann man sich mit den Klang-Programmen wieder daran annähern. Man spürt dabei viel besser, daß man etwas macht. Und man merkt es, wenn versehentlich ein Buchstabe gar nicht angeschlagen wurde. Computer klingen nun also wie Schreibmaschinen, wenn man Simulationsprogramme verwendet. Die Funktionsweise dieser Programme ist einfach: Sobald auf der Tastatur ein Buchstabe gedrückt wird, spielt der Computer eine Klangdatei ab. Dies geschieht praktisch ohne Zeitverzögerung, sodaß man beim Schreiben den Eindruck hat, das Geräusch werde von einer Mechanik verursacht. Der Anschlag bleibt dennoch so weich, wie man das vom Computer gewohnt ist. Deshalb bekommt man während des Schreibvorgangs das Gefühl, mit einer elektrischen Schreibmaschine zu arbeiten.

Auf einer philosophischen Ebene kann man sich die Frage stellen, wieso eigentlich alle möglichen analogen Dinge von digitalen Nachfolgern abgelöst werden, deren Hauptgestaltungsmerkmal dann darin besteht, die Ästhetik der analogen Vorläufer nachzuahmen: Wetterkarten und Uhren im Fernsehen sind ein Beispiel dafür, die Radiowecker-App des Mobiltelephons ein anderes, und es gibt noch viele weitere. Stets wird die Erscheinungsform des technischen Vorläufers mit erheblichem Aufwand digital nachgeformt. Die Antwort ist einfach: Man macht es, weil diese Dinge liebgewonnen sind und weil ihre Ausstrahlung Beständigkeit verkörpert. So neuerungsversessen, wie man meinen will, ist der Mensch doch gar nicht. Er möchte, daß die Dinge so bleiben, wie er sie kennt. Und deshalb ist es einfach angenehm, beim Schreiben den Klang einer Schreibmaschine zu hören.

Drei Vorteile bringt diese synthetische Klangwelt mit sich: Erstens lassen sich die Klangdateien beliebig ändern, so daß man ohne weiteres „elektrischere" oder „mechanischere" Geräusche erzeugen kann. Wer über einen gewissen Bestand an Wave-Audio-Dateien verfügt, kann bestimmten Funktionstasten beispielsweise das Geräusch entweichender Luft oder einer alten Druckpresse zuordnen, sodaß der Rechner wirklich wie eine Maschine klingt. Das mögen Spielereien sein, eröffnet jedoch auch die Möglichkeit, Töne zu entfernen, mit denen man sich nicht anfreunden kann. Besonders für die Leertaste, für „Enter", für die Rückstell- und für die Umschalttaste sind gefällige Klänge gefragt, die den Rhythmus der Buchstabentasten melodisch unterbrechen.

Der zweite Vorteil der Simulatoren gegenüber richtigen Schreibmaschinen liegt darin, daß man den Klang abschalten kann, wenn man etwa telephonieren möchte oder eine Zeit lang Ruhe haben will. Auch wenn im Nebenzimmer eine Besprechung stattfindet, schaltet man lieber auf Stumm. Drittens läßt sich die Lautstärke regeln: Jeder kann die Hintergrundgeräusche an seine persönlichen Vorlieben anpassen. Schon bei geringer Lautstärke vermitteln die Klänge dem Schreibenden, daß sein Tastenanschlag etwas bewirkt – das diesbezügliche Vakuum des stummen Computers wurde beim Abschied von der Schreibmaschine sehr beklagt. Beim Abfassen längerer Texte haben sich die vertrauten Klangkulissen als angenehm erwiesen.

Es kann für den Schreibenden sinnvoll sein, jeden Tastendruck durch ein leises Geräusch beantwortet zu bekommen. Man merkt wieder, daß der Text irgendwo ankommt und weiterverarbeitet wird. Durch die akustische Rückmeldung kann man auch mit den Ohren kontrollieren, ob etwa ein Buchstabe nicht richtig angeschlagen wurde. Nur nebenbei: Mit Hilfe der künstlichen Geräusche kann man seiner Umgebung endlich wieder einen akustischen Eindruck davon vermitteln, daß man gerade am Arbeiten ist. Und Büros können nun wieder nach Geschäftigkeit klingen.

Und Briefe können nun auch wieder wie mit der Maschine geschrieben aussehen. Denn zu den rustikalen Klängen gibt es bereits Computerschriften, mit denen sich das gewohnte Schriftbild wieder herbeizaubern läßt – sowohl am Bildschirm als auch auf Briefen. Das geht sogar bis zu einer Schriftdatei, die ein leergeschriebenes Farbband simuliert. Sowas dürfte kaum noch als „Geschmackssache" abzutun sein, es ist Unsinn. Eine realistische und unregelmäßige, aber gut lesbare Schreibmaschinenschrift als Ersatz für die allgegenwärtige und längst eintönig gewordene Times New Roman kann jedoch durchaus etwas Abwechslung auf den Arbeitsplatz bringen.

Wem das schon zuviel ist, der findet auf seinem eigenen Rechner eine Schrift, die allemal sehr brauchbar ist, nämlich die „Courier New". Und auch Fraktur-Schreibmaschinenschrift kann man bekommen, nämlich die „Erika Mono Fraktur" – zur Erinnerung: Diese Schrift wurde in den Fraktur-Schreibmaschinen verwendet, die Anfang der neunziger Jahre vom Bund für deutsche Schrift und Sprache vertrieben wurden. Man bekommt sie bei fonts@pixelundpunkte.de. Eine andere hübsche Fraktur-Maschinenschrift gibt es hier:

http://www.dafont.com/fr/f25-blacklettertypewriter.font

Wer sich auch noch klassische Antiqua-Maschinenschrift zulegen will, sollte wissen, daß die Standardform „Pica" und eine kleinere Variante „Perl" heißt. Mit wenig Aufwand kann man auf seinem Rechner die Schrift „Courier New" finden, die schnell, einfach und klar das Schriftbild einer Antiqua-Schreibmaschine erzeugt. Möglicherweise findet man damit wieder zurück zu einer reduzierten und augenschonenenden Konzeptschrift, mit der man wirklich arbeiten kann. Man sollte dabei beachten, daß die Schreibmaschinenschriften natürlich Festbreitenschriften sind. Jeder Buchstabe wird einen Schritt weiter plaziert, und diese Schritte sind immer gleich. Das führt im Vergleich zu Proportionalschriften zwangsläufig zu einem weniger gefälligen Schriftbild.

Falls man Schriften wünscht, die etwas interessanter aussehen, wird man im Internet fündig. Allerdings sollte man die jeweilige Schrift auf ihre Lesbarkeit hin prüfen. Außerdem sollte man bei der Auswahl darauf achten, ob die Schrift über die deutschen Sonderzeichen verfügt. Der Grund für gelegentliches Fehlen ist weniger bei denen zu suchen, die solche Schriften digitalisieren, sondern eher bei den alten amerikanischen Schreibmaschinen, die eben ohne ß, ä, ö und ü auskamen.

Die aktuellen Simulatoren: Talking Keys, Keyboard Sounder, Funny Typing, Tiper, Acekeyboard, Sound Pilot, Qwertick, Qwertick Portable.

Diese Programme lassen sich auf www.softseek.com mit dem Suchwort „Typewriter" leicht finden. Dort gibt es außerdem ein Programm namens „Keep Writing", mit dem das Löschen einmal geschriebener Wörter unmöglich ist. Man kann diese Stellen dann nur überschreiben – stilecht für den echten Schreibmaschinenfreund!

Die Tatsache, daß Schreibmaschinen, LCD-Taschenrechner, Analoguhren, selbst asiatische Klangschalen und vieles mehr mit dem Computer „simuliert“ werden, ist Ausdruck einer starken Tendenz hin zur Entstofflichung unserer mechanischen Lebenswelt. Sie sindet sich auch in der Schriftgeschichte wieder, die von einer fortwährenden Zerkleinerung gekennzeichnet ist. Diese Entwicklung ist seit der Anfangszeit aller Schriftsysteme nachweisbar, denn auch die uns bekannten Buchstaben und Schriftzeichen sind bereits Ergebnisse von Zerkleinerungen, diesmal von Bildsymbolen. Das kann man sehr schön an der chinesischen und der japanischen Schrift sehen, doch auch unsere abendländischen Buchstaben gehen auf kleine Bilder zurück, die dann immer weiter vereinfacht wurden.

Vom Bild ist es nur ein kleiner Schritt zum Symbol, und so auch vom Symbol zum Zeichen. Bei sinnfälligen Zeichen wie der Ziffer 1 ist noch heute klar, was sie bedeuten: Der eine hingemalte Stab steht buchstäblich für das Eine, das Einzelne, das Einzige. Das kann man auch heute noch erkennen. Andere Zeichen stehen mit wieder anderen im Zusammenhang, so ist die 4 ursprünglich eine halbe 8 und umgekehrt kann die 8 aus zwei Vieren „gebaut“ werden. Auch bei den römischen Zahlen gibt es so etwas: Das Zeichen V für 5 ist geometrisch genau die Hälfte des Zeichens X, das seinerseits den doppelten Zahlwert hat. Und dann gibt es noch weitere Zeichen, über deren geschmackvolle Konstruktion heute kaum mehr jemand etwas weiß. Die Zeichen der neueren Planeten etwa, die Rede ist von Jupiter und Saturn, sind nichts anderes als die schmuckvoll verschnörkelten Ziffern 4 und 5! Auch die Zeichen der zwölf Tierkreise sind Verkürzungen und Vereinfachungen, deren Sinn sich dem Kundigen ebenso schnell erschließt wie der der vielen alchemistischen Symbole. Aber was genau hat e denn nun mit dieser fortschreiten Zerkleinerung von Schrift auf sich?

Schriftgeschichte: ständige digitale Zerkleinerung

Die Medienlandschaft wandelt sich, das Ende des Buchzeitalters wurde von pessimistischen Kulturphilosophen bereits mehrfach eingeläutet. Dieser Wandel ist aber nichts Neues. Wie diese Entwicklung tatsächlich ablaufen wird, kann sich erst in Zukunft herausstellen, doch ergeben sich gerade auf dem Buchmarkt entscheidende Veränderungen. Da sei die Möglichkeit genannt, Bücher nur noch als Datensatz zu lagern und auf Bestellung auszudrucken, oder die Aussichten, die eine völlig vernetzte, von flirrenden Datenströmen nur so pulsierende Welt bietet.

Wer die Dinge etwas nüchterner sieht, kann sich beruhigt darauf besinnen, daß die Einführung des Papiers auch nicht das Ende des Pergaments und die Erfindung des Buchdrucks nicht das Ende der Handschrift war. In etlichen Bereichen ist das gedruckte Buch dem virtuellen Datensatz weit überlegen und wird daher mit Sicherheit – und weiterhin in großer Menge – am Leben bleiben. Abgesehen davon wurde in den letzten Jahrzehnten schon mehrfach die Frage gestellt, ob so viele Neuerscheinungen auf dem Buchmarkt wirklich notwendig seien, und unzählige davon geben dieser Frage in hohem Maße recht. Die neuen Medien vermögen jedenfalls auf dem Gebiet der Nachschlagewerke, der Verzeichnisse und Karteien dem gedruckten Buch leicht den Rang abzulaufen.

Daß der digitalisierte Text nicht aus heiterem Himmel auf die Erde fiel, soll mit diesem Streifzug durch die Geschichte der Schrift veranschaulicht werden. Es wird sich zeigen, daß schon früh begonnen wurde, den Gedanken in Worte, Worte in Wörter, Wörter in Buchstaben und Buchstaben in noch kleinere Bestandteile zu zerlegen, und dieser Zerkleinerungsprozeß endet an dem Punkt, wo der Informationsbrei dünn genug ist, durch die engen Schleusen eines Interernet-Modems, eines CD-ROM-Laufwerkes oder eines Mikroprozessors hindurchfließen zu können.

Die Urzeiten, wo der stumme Gedanke zu Lauten und Sätzen geformt wurde und aus diesen Äußerungen allmählich Aufzeichnungen in Bilderschrift entstanden, sind auch die Anfangsgründe der Digitalisierung, denn schon bald erhielt ein Zeichen unterschiedliche Bedeutungen, die sich aus dem Zusammenhang ergaben. Der nächste Schritt ist in der großen Leistung zu sehen, die in der Entwicklung alphabetischer Schriftsysteme liegt. Statt unzählige Bilder notieren zu müssen, bediente man sich fortan eines handlichen Zeichensatzes, der nicht mehr Begriffe, sondern die Laute, aus denen man Begriffe zusammensetzen konnte, bezeichnete. Der Begriff wurde in seine Laute zerlegt, das Zeichen in die dazugehörigen Buchstaben. Zwar standen die Buchstaben noch für einige angestammte Begriffe wie „Dach“ oder „Kopf“, doch verlor sich diese Bedeutung allmählich.

In der Keilschrift der Phönizier ist ein Beispiel für einen Vorgriff auf viel spätere Entwicklungen zu sehen, indem nämlich mit ein oder zwei Stempeln in einen weichen Untergrund verschiedenste Zeichen gedrückt werden konnten. Darauf soll später zurückgekommen werden. Hatte man die Buchstaben gefunden, bediente man sich ihrer für lange Zeit, um Aufzeichnungen festzuhalten. Dabei änderten sie ihre Form, um schneller und einfacher verwendet werden zu können. Sie wuchsen zusammen, bildeten Sonderformen, Ligaturen und die langen Ketten und Muster geschriebener Texte. Fast war die Zerreißung der Bilder und Begriffe in einzelne Buchstaben nicht mehr spürbar, als mit der Textualis formata, der Gitterschrift, die Buchstaben in ihre Einzelteile, nämlich senkrechte und waagrechte Balken, zerlegt wurden und aus diesen Elementen gewaltige gotische Text-Teppiche gebildet wurden.

Kurz darauf kam Johannes Gutenberg auf die Idee, einen Apparat von einzelnen Typen herzustellen, die zu beliebigen Wörtern, Sätzen und Texten zusammengesetzt und in großer Zahl vervielfältigt werden konnten. Diese Erfindung fiel nicht zufällig in die Mitte des fünfzehnten Jahrhunderts, sondern ist vor dem Hintergrund der bis dahin abgelaufenen Entwicklung der Schrift und vor allem des gesteigerten Informationsbedürfnisses der Humanisten zu sehen. Die Erfindung war getragen vom Wunsch, Bücher in großer Stückzahl herzustellen, denn zuvor wurden sie mit der Hand abgeschrieben. Die typographische Seite des Buchdrucks geht jedoch außerdem in Richtung einer Zerlegung von Schrift, wovon die Anschlußformen einzelner Buchstaben Zeugnis ablegen.

Einige Forscher gehen sogar so weit, Gutenberg ein Konzept der Zerlegung des ehedem handgemalten Buchschmucks zuzuschreiben. Folgt man diesen Theorien, hätte Gutenberg mit Hilfe einzelner Motivstempel den jeweiligen Randschmuck beliebig zusammensetzen wollen, und zumindest bei den kunstvollen Initialen mancher Bücher ist dies später auch so geschehen. Wenn sich auch nicht die Thesen um den zerlegbaren Buchschmuck endgültig beweisen oder widerlegen lassen, paßt diese Idee doch in die Entwicklung immer weitergehender Zerkleinerung. Schon bald fanden die Buchdrucker und Schriftschneider nämlich Möglichkeiten, die Randbordüren ihrer Bücher aus kleinen, einheitlichen Einzelstempeln zusammenzusetzen, die aus einem kleinen Blütchen oder Löckchen schöne Einfassungen und kunstvolle Muster bilden konnten.

Interessant ist in diesem Zusammenhang auch eine gegenläufige Entwicklung, die sich jedoch nicht bewährte: die der Logotypie. Dabei sollten jeweils mehrere Buchstaben zu einer Type vereint werden. Vom silbenweisen Setzen versprachen sich seine Entwickler Zeitgewinn. Erstmals machte der Chemiker Johann Joachim Becher im Jahre 1682 einen solchen Vorschlag, er konnte die Idee aber aus finanziellen Gründen nicht umsetzen. Über hundert Jahre sollten ins Land gehen, bis der Franzose Barletti de Saint-Paul ein solches System verwirklichte. Etwas früher entstand ein ähnliches System in England. Darauf aufbauend, entwickelte der Buchdrucker Menck in Hamburg das erste deutsche Logotypensystem im Jahre 1840. Ähnliche Entwicklungen gab es in Wien, Zürich, London und Sarajewo. Doch die Logotypie bewährte sich im Handsatz nicht, weil der Setzer sich mehr Kästchen merken und mit seinem Arm größere Entfernungen zurücklegen mußte. Außerdem waren falsch abgelegte Typen schwer zu finden. Was man bei Setzen an Zeit einsparen konnte, ging beim Ablegen wieder verloren. Die Systeme waren außerdem teuer, die Setzkästen sehr groß.

Lediglich für die Setzmaschine Linotype-Ideal konnte das Prinzip erfolgreich verwendet werden – hier haben wir eine Parallele zum Fraktursatz auf dem Computer, wo Ligaturen wie ch, st oder sch mit jeweils nur einem Tastendruck aufgerufen werden können. Das Wort- und Summengliedersystem des Wiener Schriftsetzers Leopold Weiß gilt als das vollkommenste Logotypensystem. Es besteht aus 39 Figuren, die zwei oder drei Buchstaben zusammenfassen.

Vielleicht war die Logotypie zum Scheitern verurteilt, weil ihre Grundrichtung der eigentlichen Tendenz zuwiderlief: In der Geschichte der Schrift ging es, betrachtet man die großen Entwicklungen, um die Zerkleinerung der Zeichen, nicht um ihre Zusammenfügung. Denn nicht nur von Setzern und Mechanikern, auch von Schriftschöpfern und Gestaltern wurde daran gearbeitet, die Buchstaben selbst auf ihre Grundform zu zerlegen. Diese Entwicklung brachte eine Reihe schöner Schriften zu Tage, doch auch viele unbrauchbare Entwürfe sind dabei. Überragend sind Drucke Bodonis, die durch neue technische Möglichkeiten einen Kontrast zwischen hauchdünnen Haarlinien und tiefschwarzen, breiten Schattenstrichen erlaubten. Auch die Schreibschriften, wenn auch noch im zusammenhängenden Schriftfluß, wurden mehr und mehr aus gleichförmigen Auf- und Abstrichen zusammengesetzt, und die Erfindung der Stahlfeder um 1830 erlaubte auch hier eine Unterscheidung zwischen Haar- und Schattenstrich. Die Schrift zerfiel in ihre einzelnen Elemente, aus denen dann beliebige Zeichen gebildet werden konnten.

War jedoch die Schreibschrift noch sehr kalligraphisch und kaum als Summe gleichartiger Bestandteile erkennbar, ging man allmählich daran, die Druckbuchstaben auf ihre eigentlichen Grundformen zu reduzieren. Man ließ die kleinen Füßchen (Serifen) am Ende der Schäfte fort, führte jeden Strich in gleicher Dicke aus und kam so schließlich zur Gruppe der Groteskschriften, zu gefälligeren Schriften wie der „Helvetica“ von Adrian Frutiger, zu weniger schönen wie der „Futura“ und zu ausgesprochenen Wurstschriften wie der „V.A.G.“. Auch bei den gebrochenen Schriften gibt es diese moderne Entwicklungslinie, wie die sehr geometrische gotische Schrift „Tannenberg“ als ein Beispiel unter vielen belegt. Aber die Zerlegung beschränkte sich nicht aufs Graphische, sondern nahm sich die Zeichen selbst vor.

Unterdessen hatten um die Mitte des neunzehnten Jahrhunderts findige Tüftler Systeme erdacht, die Schrift für eine leichtere technische Handhabung vorzubereiten. Henry Morse zerlegte jeden Buchstaben und jede Ziffer in eine Reihe von Punkten und Strichen, also in einen Code aus zwei Zuständen, nämlich Punkt und Strich. Obwohl in der Telegraphie der elektrische Impuls bei einem Punkt der gleiche ist wie bei einem Strich und sich der Unterschied erst aus der Länge des Impulses ergibt, stieß Morse die Tür zum digitalen Verarbeiten von Informationen auf und machte ihren Transport über weite Strecken möglich. Die von Louis Braille entwickelte Blindenschrift arbeitet ebenfalls mit zwei Zuständen, nämlich einer kleinen Ausbeulung im Blatt und fehlender Ausbeulung. Hier läuft die Information jedoch nicht in einer Linie, sondern ergibt sich aus acht Positionen auf einem Feld, die den jeweiligen Buchstaben wiedergeben.

Die Entwicklung des Computers setzte von Anbeginn die Verarbeitung binärer Informationen voraus, also die Umsetzung von Schrift und Sprache in Ketten aus Einsen und Nullen oder Jas und Neins. Doch auch für die Schnittstelle zwischen Mensch und Computer, also etwa für Anzeigetafeln, bewährte sich eine Zerkleinerung des Anzuzeigenden in seine Elemente. Der Taschenrechner setzt Zahlen aus kleinen, angespitzten Balken zusammen, die Haltestellenanzeige im Omnibus präsentiert den „Reumannplatz“ als leuchtendes Zusammenspiel bizarrer Mosaiksteinchen, die für sich genommen wahllos erscheinen, insgesamt jedoch tatsächlich Schriftzeichen ergeben. Hier sei die Keilschrift ins Gedächtnis zurückgeholt. Aus völlig unsinnigen kleinen Hölzchen wurden zur damaligen Zeit sinnvolle Zeichen zusammengesetzt, und das Hölzchen, mit dem man dies tat, begegnet uns im Leuchtpunkt des LCD-Anzeigefelds, im Bildschirmpixel und im einzelnen Punkt der Braille-Schrift wieder.

Durch die Zerlegung der Buchstaben und Zeichen kam man zu vielen unschönen Ergebnissen, etwa die unglaublich häßlichen Erzeugnisse eines Neunnadeldruckers. Doch sind dies alles Abschnitte eines Weges, der letztlich dazu geführt hat, daß man heute eine aus unzähligen winzigen Pünktchen zusammengesetzte Französische Renaissanceantiqua als solche empfindet und auf Tastendruck Texte vergegenständlichen kann, die einem gesetzten und gedruckten Text recht ähnlich sehen. Diese Entwicklung ist aber noch nicht zuende.

Das Bewußtsein der Zerkleinerung und Zusammensetzung der Zeichen steckt offenbar tief im menschlichen Geist. Vor einigen Jahren beobachtete ich einen Mitarbeiter einer großen Bibliothek dabei, wie er für ein graphisches Konzept in Ermangelung eines Ks mit Hilfe seines Computers dieses fehlende K für seine alte Antiquaversalschrift einfach dadurch ergänzte, daß er ein paar andere Buchstaben am Bildschirm zerkleinerte und aus den Einzelteilen dieser Zeichen zusammensetzte, was er brauchte. Und dies geschah ohne jede Vorkenntnis von Typographie und ohne Kenntnisse der Merkmale dieser Schrift. Das Ergebnis mag ein anderes sein, als wenn der Schriftschneider damals das K gleich mitgeliefert hätte, aber das wird heute nicht weiter auffallen. Es wird weiter digitalisiert und zerkleinert, und aus den endlosen Fäden digitaler Information entstehen Zusammenhänge und Analogien, Datenketten und Wissensstränge, die bei sinnvoller Nutzung ungeahnte Erkenntnismöglichkeiten bieten.

Die Zerlegung von Schriftzeichen in ihre Einzelteile klingt auch in der Gattungsbezeichnung „gebrochene Schriften“ sowie im Namen „Fraktur“ (Bruch) an. Es scheint, als griffe dieses Merkmal dieser Schriften auf die allgemeine Schriftentwickling vor. Die Brüche, um die es dabei geht, finden sich einerseits in den Schäften längerer Buchstaben wie h, t und l – dies ist bei gotischen Schriften nicht der Fall. Und noch ein zweites Frakturmerkmal tritt in gotischer, vor allem rundgotischer Schrift sehr in den Hintergrund, nämlich die Abwinkelung der Bögen. Gleiches begegnet uns in der gebrochenen Schreibschrift, der Kurrent und ihrer Schulform, der Sütterlin-Schrift.

Nicht nur für die kindliche Hand, die das Schreiben erst erlernt, sind die einfachen Zickzacklinien eine hilfreiche Ausgangsbasis, auch dem Vielschreiber kommen diese Formen sehr entgegen. Auf geheimnisvolle Weise entwickelt sich aus ihnen eine persönliche, ansehnliche und meistens auch sehr gut lesbare Handschrift, während die lateinische Ausgangsschrift mit ihren „erleichternden“ Bögen der schreibenden Hand nur wenig Halt gibt. Die „gebrochene“ Form der gebrochenen Schrift ist weit mehr als nur ein Gestaltungselement, es entspringt der

Schreibpraxis (mit der Feder) und gehört zu den sinnvollen Eigenheiten dieser Schriften. Mit ihnen wollen wir uns nun etwas genauer befassen.

Gebrochene Schriften und ihre Eigenheiten

Will man den Eigenheiten von Schriften auf die Spur kommen, so muß man sich zunächst mit der Frage befassen, was Schrift eigentlich ausmacht, ob sie gleichförmig dahinläuft wie eine endlose Spur, an der man keinen Halt findet, oder ob sie in charakteristischer Weise den Beschreibstoff durchmißt, durchfährt und zerteilt. Der erste Eindruck wird davon bestimmt, welches Gesamtmuster – man spricht von Textur – eine Schrift auf dem Blatt erzeugt. Wirkt es dicht oder locker, haltlos oder fest? Hängen die einzelnen Zeichen gitterartig zusammen wie einst in der schweren, fast schmiedeeisernen Textura? Oder laufen die Zeichen und Wörter wie Pflänzchen über die Zeile, jedes ein wenig anders und doch alle von derselben Art?

Blickt man näher hin, so kommt es stets auf die außergewöhnlichen Stellen im Schriftfluß an, und die sichtbarsten unter ihnen sind in vielen Schriften die Ober- und Unterlängen. Im arabischen Raum werden sie kunstvoll kalligraphisch über das ganze Blatt gezogen. Im handschriftlichen Gebrauch war dies auch bei uns einst üblich, so etwa auf mittelalterlichen Urkunden und in barocken Kanzleistücken. Die ausladenden Formen barocker Fraktur-Initialen geben noch eine Vorstellung davon. Für den Leseerfolg entscheidender sind aber die Ober- und Unterlängen mitten im Wort.

Sie kommen in vielen Schriften vor und wurden in verschiedenen Kulturräumen mit Liebe gepflegt, so etwa in den schönen italienischen Renaissancehandschriften, in englischen, französischen und spanischen Dokumenten und natürlich auch in der deutschen Kurrentschrift. Wir wissen, das Mitlaute in der Regel einen etwas niedrigeren Rang haben als die Selbstlaute. Durch Ober- und Unterlängen werden sie aufgewertet, sie erscheinen nun größer als andere – und es hat den Anschein, als käme es dem Sinnerfassen ganz recht, wenn ab und zu ein Buchstabe aus dem Schreibfluß hervorsticht.

Dahinter liegt kein System, es wird also durch die Ober- oder Unterlänge nichts angezeigt, was für das Wort eine bestimmte Funktion hätte wie Anlaut oder Silbengelenk. Nicht einmal im Auslaut ist dies der Fall, denn das groß anmutende ß am Wortende wechselt sich dort mit dem kleinen Schluß-s ab, das ungeachtet seines schwungvollen Bogens eben doch ein kleines und kein langes ist. Auch f, h, l, g, p und die anderen Mitlaute mit Ober- oder Unterlängen (oder beidem) sind keine Anzeiger, denn sie werden an den verschiedensten Stellen im Wort verwendet und sind sich auch lautlich alles andere als ähnlich.

Ob sich ein Buchstabe nun lang und sportlich aus der Zeile reckt oder klein und demütig geduckt in der Reihe der anderen mitläuft, hat seine Ursache allein in der von Zufällen bestimmten Entstehungsgeschichte des jeweiligen Zeichens. Allein das lange und das runde s zeigen eine bestimmte Wortstelle an, nur hier gibt es nämlich diese Variation. Die gab es einst auch beim r, das neben runden Buchstaben auch selbst eine runde Form bekam. Da dies allein eine graphische, also ästhetische Angelegenheit war, wurde es fallengelassen, sobald die Zeit keinen Wert mehr auf diese Formsprache legte. Funktional hat sich die s-Variation viel länger bewährt.

Ober- und Unterlängen sind also das erste und wichtigste Mittel, einer Schrift, Handschrift zumal, Persönlichkeit und Ausdruck zu geben. Werden sie zu lang und vor allem alle gleich lang, so verliert sich die Wirkung, das Schriftbild wird unruhig und unharmonisch. Ideal ist ein gemäßigter, aber durchaus beherzter Einsatz der Ober- und Unterlängen, die sich – auch das gehört zum guten Stil – in direkter Nachbarschaft nicht wiederholen sollten und die gerade am Seitenende in einen hübschen Ausschwung auslaufen können. Behutsam eingesetzt, sind sie von bezaubernder Wirkung: Sie helfen dem Leser durch die Zeilen und machen ihm das Lesen zu einem sinnlichen Vergnügen. Klarerweise funktioniert dies bei allen Schriften, die schön geschrieben (oder gesetzt) werden. Zu beachten ist lediglich, daß sich das t nicht so recht für überragende Oberlängen eignet, man sollte es eher etwas kleiner halten. Soviel zu der augenfälligsten graphischen Eigenschaft aller Schriften. Blicken wir nun auf die Spezialitäten, die deutsche oder gebrochene Schriften für uns bereithalten.

Zu den Eigenheiten gebrochener Schriften gehören zunächst ihre Formen, die sie von denen der Antiquaschriften sehr deutlich unterscheiden. Das Antlitz der Schrift, wenn man so will: ihre Rinde, ist hier in der Regel charaktervoll und kernig, es bietet dem Leser zahlreiche Ecken und Kanten, an denen sich das Auge halten kann und die dadurch das Erfassen des Sinns wesentlich erleichtern. Wir müssen gleichwohl einräumen, daß dies nur für den geübten Leser gilt, nicht hingegen für den Anfänger und Unkundigen, der mit diesen Schriften noch keine Fühlung hatte. Hier muß zugestanden werden, daß auf ihn die gebrochenen Schriften unruhig, irritierend und daher zunächst auch unleserlich wirken.

Ausnahmen gibt es immer da, wo diese typischen Merkmale gebrochener Schriften dezent in den Hintergrund treten und die Grundform des jeweiligen Buchstabens deutlicher hervortreten lassen. Will man den gebrochenen Schriften eine Zukunft bereiten, so wird man sich an diese entgegenkommenderen Formen halten müssen. Neben den formalen Eigenheiten dieser Schriften stehen die der richtigen Schreibung.

Wir werden sehen, daß die Verwendung von Frakturschrift mehr Unterscheidungsmöglichkeiten zuläßt, weil sie im Vergleich zur modernen Verwendung von Antiqua komplexer ist. Wir haben es mit Buchstabenverbindungen und besonderen Buchstabenformen zu tun, die sehr hilfreich sind, wenn man sie richtig anwenden kann. Dies setzt aber das Einvernehmen zwischen Schreiber und Leser voraus: Beide müssen den richtigen Gebrauch kennen, um daraus Gewinn und Nutzen ziehen zu können.

Wer deutsche Schrift verwenden will, der muß sie auch richtig anwenden. Hierbei sind einige Regeln zu beachten, die sich bis 1991 auch im Duden fanden. Spezielle Buchstabenverbindungen und Buchstabenformen sind jedoch nicht aus Launen der Schriftsetzer heraus entstanden, sondern bringen gewichtige Vorteile mit sich. Da ist zunächst natürlich die Zeitersparnis beim Handsatz zu nennen, die schon bei der Erfindung des Buchdrucks durch Johannes Gutenberg berücksichtigt wurde: Gutenberg schuf eine ganze Reihe von Ligaturen, also Buchstabenverbindungen, die sich nicht durchsetzten. Einige aber blieben, vor allem die Ligaturen st, ch und ck. Sie sind und bleiben sinnvoll, auch wenn wir in einer Zeit leben, in der viele Wörter unsinnigerweise zwischen dem st getrennt werden.

Sinnvoll sind diese Ligaturen, weil es sich bei ihnen nicht mehr um zusammengefügte einzelne Lautzeichen handelt, sondern um Zeichen für eigenständige Laute. Beim st mag man dies noch am wenigsten einsehen, aber sehr klar wird es, wenn man es sich im Anlaut vornimmt: stehen, Stab, Stau, stecken – das st wirkt hier zusammengehörig. So funktioniert es auch im Wortinneren, wenn es nicht gerade über die Wortfuge hinwegragt wie bei Halstablette. In diesen Fällen wird folgerichtig auch nicht die Ligatur st verwendet, sondern das Schluß-s am Ende von „Hals“ und das t am Beginn von „tablette“ – hier sind es zwei getrennte Buchstaben, und die verschiedenen Schreibweisen machen dies sichtbar. Das funktioniert natürlich nicht mehr, wenn willkürliche Regeln für die Silbentrennung eingeführt werden, die solchen Buchstabenverbindungen zuwiderlaufen.

Das kann man auch sehr gut an einer anderen Ligatur sehen, am ck. Im Grunde würde für die Darstellung dieses Lauts auch das einfache k reichen. Aus geschichtlichen Gründen hat das k im Anlaut seinen Platz gefunden und das ck im Wortinneren. Hier wird also ebenfalls durch das besondere Zeichen angezeigt, ob es sich um einen Anlaut, auch nach Wortfugen, handelt oder nicht: Bei „zerknirscht“ zeigt das k an, daß hier ein neuer Abschnitt im Wort beginnt. Bei „Zuk-ker" ist dies nämlich nicht der Fall. Genau dies ist der Grund, warum man solcher Wörter am Zeilenende auf verschiedene Weise trennt: „zer-knirscht" ergibt sich praktisch von selbst. „Zucker" wird gemäß Rechtschreibreform nun „Zu-cker" getrennt, was auf den ersten Blick folgerichtig erscheint, das Wort nun aber genauso behandelt wie die anderen – und das ist falsch. Das ck dient hier eigentlich als Silbengelenk, und um dies sichtbar zu machen, hat sich in der klassischen Rechtschreibung die Trennung „Zuk-ker" eingebürgert. Dadurch kann der Leser am Zeilenende sofort erkennen, daß es sich bei dem k nicht um einen Anlaut handelt, denn dieser würde bei der Trennung am Anfang der nächsten Zeile stehen.

Es sind diese kleinen Signale, die zu einer besseren Lesbarkeit solcher Wörter führen. Durch Veränderungen der Trennungsregeln, die darauf keine Rücksicht nehmen, werden sie beschädigt und können dann ihren Zweck nicht mehr erfüllen. Aber ist deutsche Schrift generell wirklich besser und schneller lesbar als lateinische?

Stellt man diese Frage einem Zeitgenossen der Gegenwart, der keine besondere Neigung zum Gebrauch der deutschen Schriften hat, so fällt das Urteil eindeutig aus: Sie ist nicht leichter zu lesen, sondern mühselig zu entziffern. Wie bereits dargestellt wurde, liegt dies nicht an der Schrift, sondern an der fehlenden Kenntnis und Übung dessen, der sie lesen müßte. Diesen Befund darf man also nicht der Schrift anlasten. Leser, die den Gebrauch beider Schriftgruppen gewohnt sind, finden an der deutschen Schrift einige Merkmale, die zu einer schnelleren Erfassung (und auch zu einem schnelleren Schreiben) der Wörter und Sätze erheblich beitragen. Eines dieser Merkmale ist auf jeden Fall das Vorhandensein besonderer Zeichen, die mehr anzeigen als nur den Laut. Wir hatten eben mit diesem Bereich zu tun.

Auch das lange s und das kurze s zeigen nicht nur den s-Laut an (tatsächlich werden Lautunterschiede wie stimmhaftes und stimmloses s eben nicht durch verschiedene Zeichen angezeigt wie in etlichen anderen Schriftsprachen, und niemand vermißt es), sondern geben wichtige Hinweise darauf, ob es sich um einen Anlaut oder Auslaut handelt. Diese „weichen" Informationen geben dem Leser wichtige Anhaltspunkte, wie er das jeweilige Wort zu verstehen hat. Auch in anderen Sprachen machte man früher diesen Unterschied, hielt ihn dann aber für überflüssig. Das ist bedauerlich, weil das Schreiben ja vor allem dem Leser entgegenkommen soll.

Deutsche Schriften sind aber auch deshalb besser lesbar, weil sie Wörter kompakter, als geschlossene Wortbilder, darstellen können. Während in der Antiqua Buchstabe an Buchstabe aufgefädelt ist wie an einer Perlenschnur, wechseln sich in der deutschen Schrift einzelne Buchstaben mit Buchstabenverbindungen ab. Dadurch werden sehr viele Wörter zu Wortbildern, gleichsam neuen Zeichen. Dieses Merkmal sollte man nicht überbewerten, aber es trägt auf jeden Fall dazu bei, daß man diese Wörter dann auch besser erfassen kann, was der Lesbarkeit entgegenkommt.

Ein nicht nur deutscher, aber in der deutschen Schriftsprache eine wichtige Funktion erfüllender Buchstabe ist das w. Er ist eng verwandt mit seinen Geschwistern, dem u und dem v; seine Cousinen sind das f und das y. Dieses w nun steht irgendwo dazwischen, die Römer hatten das Zeichen in seiner spitzen Form von den Etruskern übernommen, später stellten sie ihm eine runde Form gegenüber, eine Art u. In der Spätantike bildete sich das unsilbische w zu einem v um. Ende des ersten Jahrtausends entstanden in den germanischen Sprachen Schriften, die auch den Laut w wiedergeben sollten. Zu dieser Zeit gab es noch nicht den Unterschied zwischen dem konsonantischen v und dem vokalischen u. Das v war für den neuen Zweck nicht passend, weshalb man es zweimal – als vv oder uu – verwendete. Hieraus entwickelte sich das w. Nachvollziehen kann man diese Entwicklung noch leicht anhand des Namens dieses Buchstabens: double u, double vé, doppia vu usw.

In der Spätantike war aus dem lateinischen w-Laut (einem unsilbigen u) ein gesprochenes v geworden. Im Deutschen vollzog sich die gleiche Entwicklung im Mittelalter. Im Englischen hingegen tritt uns das w noch mit der alten Aussprache entgegen, für die man im Deutschen längst das u verwendet. Ganz so scharf wie das v, das sich oft dem f annähert, ist das w aber bis heute auch in der deutschen Sprache nicht, es ist eben ein verschliffenes altes u. Hieran kann man schön erkennen, daß der Übergang zwischen Selbst- und Mitlauten fließend sein kann.

Fast noch spannender ist die Geschichte des Ypsilons, eines seltsamen Zwitterwesens mit etwas i, etwas j und etwas ü. Man weiß bis heute nicht genau, ob man es als Selbstlaut oder Mitlaut ansehen soll. Schon im lateinischen Alphabet war es ein Nachzügler, ein Quereinsteiger. Erst zur Zeit Sullas fügte man es als 22. Buchstaben von dem z ein. Benötigt wurde es lediglich für griechische Lehnwörter. Das Zeichen erwies sich als vielseitig. In einigen Sprachen steht es für einen oder mehrere Selbstlaute oder für einen Mitlaut, so etwa im Englischen. Im Türkischen wird es nur als Mitlaut verwendet, im Ungarischen als Bestandteil fester Zeichenverbindungen. Im Deutschen richtet sich die Aussprache nach dem Lautwert in der Herkunftssprache, wenn es in einem Lehnwort vorkommt. Ansonsten ist es im Auslaut ein i, in allen anderen Fällen ein ü. In vielen älteren deutschen Texten kommt das y häufig am Wortende vor, und zwar in vielen Fällen, in denen man inzwischen zum i übergegangen ist.

Das hat sprachgeschichtliche Gründe: Im Frühneuhochdeutschen gab man, wie im Mittelniederländischen, den langen i-Laut oft durch die Ligatur ij wieder. Aus ästhetischen Gründen wiederholte man das i nicht, sondern setzte an die zweite Stelle die Variante j. Das ij wurde dann wegen seiner äußeren und lautlichen Ähnlichkeit mit dem y durch dieses abgelöst. In alemannischen Namen finden wir es in dieser Bedeutung bis heute. In der deutschen Schriftsprache wurde das y häufig mit zwei Punkten geschrieben, wenn es seinen Ursprung im ij hatte. Dadurch sollte es vom griechischen y unterschieden werden. Ähnlich wie der Strich über dem u kam dies aber überwiegend in handschriftlichen Aufzeichnungen vor. Beachtenswert ist dabei, daß sich ij und y nur in lateinischer Handschrift ähneln, wogegen es in der deutschen Kurrentschrift zwischen ihnen einen deutlichen Unterschied gibt. Im Niederländischen wird heute nicht mehr das y für ij verwendet.

Heute verwendet man im Deutschen das y fast nur noch in Fremdwörtern und Eigennamen. Bei griechischen Fremdwörtern spricht man es normalerweise als ü aus, wogegen im frühen 19. Jahrhundert noch die Aussprache als i üblich war, wie es im Schweizer Hochdeutsch teilweise heute noch zu hören ist. Bei Fremdwörtern aus anderen Sprachen wird meist die fremde Aussprache übernommen (Nylon, Lyon, nicht jedoch Libyen). Am Wortanfang vor weiteren Selbstlauten wird y normalerweise als j ausgesprochen (Yen, Yokohama), in Eigennamen als ü (Sylt, Thyssen) oder i (Gysi), gelegentlich auch als unsilbisches i (Bayern).

Unsere Sonderzeichen ä, ö und ü sind im Grunde nichts, was in der Antiqua nicht genauso gut funktionieren würde. Wie gut, hängt von der verwendeten Schrift ab. So gibt es nicht wenige ältere Druckwerke in Fraktur, in denen statt ü ui oder ue steht, bei Zeitschriften aus den dreißiger und vierziger Jahren findet sich diese Ersatzform bei den Großbuchstaben: Anstelle von Ü gibt es dort zuweilen nur ein Ue. Man liest sich schnell ein und bemerkt es dann kaum noch, weil es dort eben die Wortbilder sind, durch die der Inhalt so schnell verständlich wird. Es deutet einiges darauf hin, daß sich die Buchstaben im Fraktursatz besser und dichter aneinanderfügen – einerseits bei den Ligaturen, andererseits bei den benachbarten normalen Zeichen. Fraktur läuft einfach etwas enger übers Blatt. Und das hat richtig gute Vorzüge:

Da es in der deutschen Sprache viele lange Wörter mit vielen Konsonanten gibt, kommt ihr die deutsche Schrift mit ihren Ligaturen und s-Formen in besonderer Weise entgegen – aber nur, wenn man sie läßt: Schloßstraße beispielsweise ist in Fraktur und klassischer Rechtschreibung erheblich besser zu lesen als in reformiertem Antiquasatz. Das gilt gerade auch für Wörter, in denen nach der klassischen Rechtschreibung derselbe Konsonant dreimal hintereinander vorkommt: Im Wort Sauerstoffflasche haben wir es nämlich gar nicht mit drei f zu tun, sondern mit den Ligaturen ff und fl. Zwischen ihnen befindet sich eine kleine, aber beim Lesen sehr hilfreiche Fuge. Leseschwierigkeiten können auf diese Weise eigentlich nicht auftreten.

Irreführend ist die Übertreibung der Dreikonsonanten-Schreibungen jedenfalls aus folgendem Grund: Ein doppelter Konsonant zeigt im Deutschen meistens eine gewisse Kürze an – nicht nur des vorausgegangenen Vokals, sondern auch des doppelten Konsonanten. Wir lernen, daß es an diesen Stellen einfach etwas schneller zugeht. Wo aber drei Konsonanten geschrieben werden, befindet sich normalerweise eine Wortfuge, der Konsonant wird deshalb entweder länger oder doppelt gesprochen. Der durch die Doppelschreibung vorgegebenen Richtung läuft die Dreifachschreibung also zuwider. Auch das belegt, daß die Reformrechtschreibung für deutsche Schriften nicht geeignet ist.

Ballast oder Gewinn: Was wir vom ß haben

Sich ein besonderes, drittes s-Zeichen zu leisten, das ja doch nichts anderes als den s-Laut wiederzugeben scheint, ist keineswegs eitler Luxus, sondern hat viele Vorzüge. Eigentlich ist auch das ß eine Ligatur, aber es hat im Laufe der Zeit einige neue Aufgaben übernommen. Sehr wertvoll ist sein Beitrag zur Unterscheidung von das und daß, denn hier wird auch optisch sofort sichtbar, um welches Wort mit welcher Bedeutung es sich handelt. Das ß ist mehr als die Summe von ss. Auf Wortfugen und auf die Hilfestellung der Ligaturen beim Lesen gingen wir ja schon ein, das ß zeigt auch an, daß wir uns am Ende eines Wortteils befinden. Seine Regel ist kinderleicht: ß wird dann geschrieben, wenn man ss entweder nicht schreiben kann oder nicht schreiben darf.

Deshalb schmilzt das ß immer dann zu ss zusammen, wenn das Wort doch noch etwas länger wird: Haß, aber hassen. Naß, nässer. Nuß, Nüsse. Der Ursprung des ß in der deutschen Schrift wird von einigen in der Zusammenziehung von s und z, von anderen in der von s und s gesehen, wie es auch in der humanistischen Kursive und in der Antiqua der Fall war. Daß es in so verschiedenen Schriftgruppen geradezu folgerichtig entstanden ist, belegt seine Bedeutung für viele Schriftsprachen – es ist ansehnlich, erleichtert das Lesen und hilft auch beim Schreiben. Interessant ist dabei, daß es in verschiedenen Bereichen auf ganz verschiedene Weise entstanden ist: In der Fraktur durch die Zusammenziehung von s und z, in der Antiquakursive aus s und s, wobei es eine Weile parallel zu zwei langen s (ss) verwendet wurde, in der Antiqua-Druckschrift schließlich als spät eingeführtes Gegenstück zum gebrochenen ß.

Neben der wichtigen und hilfreichen Anzeige von Wortteilen, wodurch das ß immer das Lesen erleichtert, hat es auch noch einen anderen Wert, einen dokumentarischen: Es ist außerhalb der gebrochenen Schriften die letzte verbliebene Ligatur (das w sei hier nicht mitgerechnet) und als solche geradezu ein Denkmal dieses wesentlichen Stücks der Schriftgeschichte. Es hält die Erinnerung daran wach, welchen Vorteil Ligaturen bieten können.

Aber das ß ist auch eine deutsche Besonderheit, auf die wir stolz sein können. Es gibt zwar an sich nur den stimmlosen s-Laut wieder, kann aber, wie wir eben gesehen haben, noch einiges mehr. Trotzdem verwendet man es heute nur noch zur Schreibung des Deutschen und seiner Dialekte. Es hat schon einige Jahrhunderte auf dem Buckel und gehört zu den netten Kleinigkeiten, die eine Schriftsprache wiedererkennbar machen. Es ganz aufzugeben, würde einem Verzicht auf seine wichtigen Funktionen gleichkommen und zu einer Verarmung unserer Schriftkultur führen.

Der Zusammenhang zwischen Schrift und Lesen

Die historischen Wissenschaften können fast immer aus dem Vollen schöpfen, wenn auch nicht alles lückenlos belegt ist und viele Ereignisse und Sachverhalte vom Dunkel der Geschichte umhüllt sind. Anderes ist reichlich überliefert und dazwischen lassen sich alle Abstufungen in der Fülle der Überlieferungsträger finden. Alltagsdinge gibt es da, aus denen auf die jeweilige Zeit geschlossen werden kann, Bilder und Aufzeichnungen in geschriebener und gedruckter Form. Längst sind sich die Historiker bewußt, daß davon nicht alles für bare Münze genommen werden kann, sondern daß auch die Geschichte des Geschichtsträgers gedeutet werden muß.

Beispielsweise sind aus vergangenen Jahrhunderten Kinderbücher und Spielsachen nicht deshalb in so geringer Zahl erhalten, weil es sie damals kaum gegeben hätte – sondern weil sie von den jungen Benutzern kaputtgespielt und zerlesen wurden. Ähnlich verhält es sich mit anderen Literaturgattungen, etwa der „Dienstbotenliteratur" und den „Schundromanen" des neunzehnten Jahrhunderts, den Flugschriften und Moritatenblättern, die den Bibliotheken nicht sammelwürdig erschienen, und noch vielen weiteren Dingen, deren spärliche Existenz nicht bedeuten darf, daß es sie kaum gegeben hätte. Auch von den unzähligen Supermarkt- und Kaufhausprospekten, die einem heute täglich ins Haus flattern, wird in zweihundert Jahren nicht mehr viel erhalten sein. Sind aus bestimmten Zeiten nur wenige Dinge erhalten, verleitet dies zu einseitigen Schlüssen und Aussagen, die von vorgefaßten Annahmen ausgehen.

Nun ist aber Schrift zunächst einmal nicht mehr und nicht weniger als ein Verständigungsmittel, und die Bedeutung des Lesens tritt in dieser Frage nur scheinbar hinter der des Schreibens zurück. Die Hauptaufgabe aller Schrift liegt nicht darin, geschrieben zu werden, sondern man soll sie lesen. Das Schreiben ist somit lediglich ein notwendiger Schaffensakt, der in dem Moment abgeschlossen ist, in dem die Information niedergeschrieben ist – gelesen wird hingegen im besten Fall immer. Dabei verändert sich durch die Epochen der Sinn, der aus der Schrift heraus- oder in sie hineingelesen wird, in Abhängigkeit von einem sich ständig wandelnden kulturellen und geistigen Umfeld. Vor diesem Hintergrund überrascht es, daß die Geschichte des Lesens nicht schon lange vorhanden ist, sondern erst in unserer Zeit zusammengefaßt wurde.

Doch was ist das Lesen? „Zwar sind sie an das Beste nicht gewöhnt, allein sie haben schrecklich viel gelesen." heißt es bei Goethe, und Lessing wird zitiert mit: „Wer wird nicht einen Klopstock loben? Doch wird ihn jeder lesen? – Nein. Wir wollen weniger erhoben / und fleißiger gelesen sein." Persius Flaccus schrieb in seinen Satirae: „Quis leget haec?" („Wer soll das Zeug lesen?") – immer haben sich Philosophen Gedanken über Sinn und Unsinn des Lesens gemacht, und noch keiner von ihnen ist zu klaren Schlüssen gelangt. Die Entwicklung computergestützter Lesemaschinen zeigt jedenfalls, was Lesen nicht ist: Das Einscannen bekannter Formen mit fester Bedeutung. Wenn der Computer „liest", so erfaßt er bestimmte, ihm bekannt gemachte Figuren, die er verwaltet. Liest der Mensch, so nimmt er das ganze Wort, sogar Satzteile in ihrer Gesamtheit auf. Er bestimmt die Geschwindigkeit der Aufnahme nach seinen Gewohnheiten und Fähigkeiten, nicht zuletzt auch nach seinem Geschmack. Der Computer saugt alles in der Taktzahl seines Prozessors auf und denkt nicht weiter darüber nach.

Das Wort „lesen" geht zwar auf althochdeutsche und gotische Wurzeln zurück, doch haben diese im Laufe der Zeit eine neue Bedeutung durch das entsprechende lateinische Wort erhalten. Das althochdeutsche „lesan" bedeutet noch nicht das Lesen von Schrift, sondern „auflesen, sammeln". Die neuere deutsche Bedeutung „(ein Buch) lesen" beruht auf einer Entlehnung: Das lateinische „legere" bedeutete zunächst „auflesen", dann auch „einer Spur folgen" und entwickelte daraus die Bedeutung „den Schriftzeichen folgen, lesen". Da die vermittelnde Bedeutung „einer Spur folgen" durchaus im Hintergrund stand, erschien die Bedeutung „lesen" als abhängig von der Bedeutung „auflesen" und wurde deshalb von dem deutschen Wort für „auflesen" übernommen. Durch das Auflesen von Runenstäben kann die Bedeutung jedenfalls nicht erklärt werden, da für das Runenlesen praktisch nie das Wort „lesan" verwendet wurde (statt dessen vor allem „raten", was denn auch das englische Wort für „lesen" ergeben hat, nämlich „to read", entsprechend „to write" für „schreiben" als „ritzen", ebenfalls ein Wort aus der Runentechnik, während das Deutsche mit „schreiben" wiederum etwas aus dem Lateinischen entlehnt hat).

„Das Lesen hat eine Geschichte", heißt es bei Robert Darnton. Aber durch der Jahrhunderte Strom, durch den – laut Schiller – redende Blätter die stummen Gedanken getragen haben, gesellte sich neben die opulenten Literatur-, Wissenschafts- und Bildungsgeschichten bis jetzt keine Geschichte des Lesens. Von der geistigen und materiellen Schaffung des zu lesenden Stoffes und von seiner Verbreitung handeln beispielsweise die vor Jahren erschienene Geschichte des

Bleistiftes, die mehrbändige Buchhandelsgeschichte, die Bibliotheksgeschichte und die Verlagsgeschichte.

All diesen Abhandlungen ist gemeinsam, spätestens an der Stelle innezuhalten, wo der Leser das Buch aufschlägt und darin liest. Als handelte es sich dabei um einen intimen Bereich, der ebenso individuell wie unkontrollierbar wäre, wurde die entscheidendste Schnittstelle der Wissensvermittlung sorgsam ausgeklammert. Dennoch ist sie nicht unreflektiert geblieben. Die Hermeneutik, für alle Geisteswissenschaften grundlegende Methode des Verstehens und der Sinnerschließung von Äußerungen und Werken des menschlichen Geistes, des menschlichen Daseins überhaupt und geschichtlicher Ereignisse an sich und in ihrem Zusammenhang (Brockhaus – Wahrig), macht sich schon seit längerer Zeit Gedanken über das Hinein- und Herauslesen von textlichem Sinngehalt.

„Die im Denken verschlossene Wahrheit ist ein edles Besitztum der Seele", ist bei de Bury nachzulesen, und das bezeichnet den Vorgang, der sich im Innern des menschlichen Geistes vollzieht. Oder, nach einem Lied: „Die Gedanken sind frei, wer kann sie erraten…" Der Schritt vom Gedanken zum geschriebenen Wort wird vom Autor bewältigt, dem die Aufgabe obliegt, das, was er denkt, möglichst so zu formulieren, daß der Leser es begreift: daß er es so nachdenkt, wie der Autor es vorgedacht hat. Der Leser wiederum wird bestrebt sein, die Gedanken des Autors bestenfalls kritisch nachzuvollziehen.

Dabei geht die Interpretation durch den Leser über das geschriebene Wort hinaus, und er fragt sich: Warum hat der Autor das geschrieben? Welche Begleitumstände führten zu diesem Text? Meint der Autor das wirklich so, oder ironisch? Es gibt das literarische Stilmittel, einen Vorgang scheinbar präzise zu beschreiben, dabei jedoch den Leser dazu zu bringen, das Wort mit Sinn zu füllen – und dabei bleibt es dem Leser überlassen, was der Text schlußendlich bedeutet. Borges und sein Freund Adolfo Bioy Casares haben dieses Stilmittel in einer Kurzgeschichte durchgespielt, die mit nur elf Wörtern auskommt: „Der Fremde erstieg im Dunkeln die Stufen: klick-klack, klick-klack." Ähnliche Methoden gibt es in der Malerei und in der Musik. Die Assoziationen, die den Hörer bei Stücken von Gustav Mahler, Arvo Pärt oder Arnold Schönberg beschleichen, entstehen nicht durch den Akt des Komponierens, sondern durch den des Hörens, dem Lesen ähnlich.

Der entscheidende Vorgang beim Lesen ist also nicht, einen starren Sinn abzulesen, der unveränderlich festgeschrieben ist, sondern liegt darin, daß der Sinn beim Lesen überhaupt erst entsteht. Das Lesen ist daher ein aktiver Prozeß. „In jedem Fall ist es der Leser, der den Sinn in die Zeichen hineinliest. Wir alle lesen in uns und der uns umgebenden Welt, um zu begreifen, wer wir sind und wo wir sind. Wir lesen, um zu verstehen oder auf das Verstehen hinzuarbeiten. Wir können gar nicht anders: Lesen ist wie atmen," heißt es in Manguels Lesensgeschichte.

Das Lesen als existentielle Tätigkeit ist weit älter als das Buch, und immer hat es den Menschen – und auch die Tiere! – durch die Evolution begleitet. Beispiele: Das Lesen von Duftspuren bei Ameisen, das Lesen lockender Gerüche durch Aasfliegen, das Lesen von Orientierungstänzen bei Bienen, das Lesen von Brunftrufen bei Hirschen, das Lesen der richtigen Richtung durch befühlen des Wüstensandes bei Nomaden, das Lesen in den Augen des Mitmenschen, das Ablesen einer Ampel durch ein kleines Kind, das Lesen in den Wolken zur Vorhersage des Wetters. Kriminologen lesen in den Spuren am Tatort, Kunstkritiker lesen in den Bildern und Skulpturen.

Dies alles schwingt mit, wenn man in Alberto Manguels Geschichte des Lesens liest, auch wenn in dem Buch hauptsächlich das Lesen von Schrift behandelt wird. Darüber hat sich – auf andere Weise – schon ein anderer Bücherfreund Gedanken gemacht: Als Richard de Bury vor gut sechseinhalb Jahrhunderten seinen Traktat „Philobiblon – von der Liebe zu den Büchern" niederschrieb, betitelte er das erste Kapitel mit dem programmatischen Wort: „Der Schatz der Weisheit ist vornehmlich in Büchern zu suchen" und das zweite mit „Weshalb und worin die Bücher dem Reichtum und den Vergnügungen vorgezogen werden müssen". Da leuchtet Ehrfurcht heraus – die Bücher werden in tiefer Dankbarkeit als kostbarer Wissensschatz betrachtet, der ständig durch Abschreiben vervollständigt wird.

Ähnlichkeiten zwischen den beiden Bibliophilen liegen in der Natur der Sache und werden deutlich, wenn etwa de Bury formuliert: „Die im Buch geschriebene Wahrheit aber zeigt sich immer und ohne Pausen unserem Blick. Indem sie auf geistigem Wege durch die Augen dringt, die Vorhalle des Verstandes und den Innenhof der Phantasie, gelangt sie in den Saal der Intelligenz, wo sie sich mit dem Gedächtnis vereinigt, um die ewige Wahrheit des Gedankens zu erzeugen," und Manguel einer ausführlichen Abhandlung die Passage voranstellt: „Lesen beginnt mit den Augen. … Jedem Leser leuchtet ein, daß Buchstaben durch den Gesichtssinn aufgenommen werden.

Durch welchen alchemistischen Vorgang aber werden diese Buchstaben zu sinntragenden Wörtern? Was geschieht in uns, wenn wir mit einem Text konfrontiert werden? Wie werden die sichtbaren Dinge, die Substanzen, die durch die Augen unser inneres Labor erreichen, die Farben und Formen von Gegenständen und Buchstaben, lesbar? Worin besteht eigentlich der Akt, den wir Lesen nennen?“ Ein systematisches, chronologisches Geschichtswerk ist mit dieser Betrachtung nicht entstanden, und es könnte auch nicht das vermitteln, was in dem 362 Seiten langen Essay über das Lesen (denn ein Essay sollte es zunächst werden und ist es schließlich auch) deutlich wird. Historisches verbindet sich mit sehr subjektiven Eindrücken zu einer Art Plauderei, die sich Abschweifungen leisten kann und kurzweilig zu lesen ist. Und wenn jemand zur Abfassung dieser Schrift berufen war, dann Alberto Manguel, der fünf Sprachen spricht, noch einige mehr für Übersetzungen bereithält und in den Literaturen aller Kontinente verkehrt. Er übersetzte unter anderem Joseph Roth, Friedrich Dürrenmatt, Umberto Eco und Günther Grass, arbeitet außerdem als Kritiker, Journalist, Lektor und Herausgeber.

Geboren ist der kanadische Staatsbürger 1948 in Buenos Aires, seine Kindheit verbrachte er in England, Tel Aviv und anderswo. Der Vater stand im diplomatischen Dienst und hat sich für eine repräsentative Bibliothek Bücher nach Regalmetern zugelegt, die er vom Buchbinder auf passende Höhe zuschneiden und einbinden ließ – der Sohn vertiefte sich in diesen Wissenshaufen und las, was er fand; im entsprechenden Alter schlug er im Lexikon diejenigen Wörter nach, die sich in seiner Vorstellung irgendwie mit Sexualität verbanden: „Masturbation“, „Penis“, „Vagina“, „Syphilis“, „Prostitution“. Als er merkte, daß Außenstehende nicht bemerken konnten, was er las, glich das einer Offenbarung. Noch öfters berichtet er davon, daß das Lesen eine sehr spezifische Handlung zwischen Leser und Buch ist.

Er studierte in Buenos Aires Latein und Spanisch. Dieser polyglotte „Büchernarr“ hat dem Aufnehmen und dem Verstehen geschriebener und gedruckter Texte über die Zeiten hinweg nachgespürt, dabei jedoch subjektiven Prioritäten den Vorzug vor wissenschaftlicher Kühle und Systematik gegeben. In ganzen Bibliotheken, aber auch in sich selbst, ist er, der sich seit frühester Kindheit ständig Bücher aller Art regelrecht „reingezogen“ hat, fündig geworden. Mit der Erinnerung an sein erstes gelesenes Wort, an seine frühe Lesewut, die ihm einen Vorwand für das Alleinsein, vielleicht auch dem über ihn verhängten Alleinsein einen Sinn gab, und an die Begegnung mit dem fast erblindeten Jorge Luis Borges, dem er als Junge in Buenos Aires zwei Jahre lang täglich vorlas, beginnt der Streifzug.

„Ich entdeckte Texte, indem ich sie laut vorlas, und Borges tat mit den Ohren, was andere mit den Augen tun: Er nahm die Seite in sich auf, um nach einem Wort, einem Satz oder einer Passage zu suchen, die in seinem Gedächtnis eine Spur hinterlassen hatten. Oft unterbrach er mich und kommentierte den Text, um, wie ich glaube, ihn tiefer in sich zu verankern." Die Darstellung dieser Erlebnisse ist spannend und interessant, geht zuweilen auch ins Komische: „Ein anderes Mal (ich weiß nicht mehr, was ich ihm vorlesen mußte), begann er (Borges) aufs Geratewohl, mißratene Verse großer Dichter aufzuzählen, darunter … Milton mit seinen letzten Zeilen im „Wiedergewonnenen Paradies" : „he unobserv'd / Home to his Mother's house private return'd", die seiner Meinung nach Christus wie einen englischen Gentleman mit Melone erscheinen ließen, der seiner Mutter zum Tee einen Besuch abstattet."

Dann leitet der Autor zu Meilensteinen der Schriftkultur, Buchkunst und Literatur über, zum Akt und zur Macht des Lesens. Die uns dabei begegnen, von Aristoteles bis Lovecraft, von Al-Haytham bis Oliver Sacks, von Maria Magdalena bis E. B. Huey – alle, die selbst Texte verfaßten oder selber begeisterte Leser waren, holt Manguel in den Zeugenstand: den persischen Großfürsten, der auf Reisen stets seine 117000 Bücher mit sich führte – auf einer alphabetisch geordneten Kamelkarawane, den bibliokleptomanen Grafen Libri oder die Kubaner aus den Tabakmanufakturen, die das Vorlesen aus Büchern während der Arbeit so begeisterte, daß sie Zigarren nach literarischen Helden benannten. Manguel erzählt vom Lesen wie von einer Obsession, der auch wir – mehr oder weniger – alle verfallen sind. Sein Buch ist eine Liebeserklärung an das Lesen, die in dieser Art nur von einem literarischen Weltbürger geschrieben werden konnte.

Aus dem Buch spricht jemand, der erklärtermaßen vom Lesen besessen ist. Das Buch legt Zeugnis darüber ab, wie weit Bibliomanie in Einzelfällen gehen kann. Doch zu keinem Zeitpunkt drängt sich bei der Lektüre der Verdacht auf, daß Manguel nur in den Büchern leben würde, denn sein Buch ist nicht radikal oder missionarisch, sondern im besten Sinne des Wortes freundschaftlich. Man könnte auch sagen, es handele sich um den Erfahrungsbericht eines leidenschaftlichen Lesers. In Kanada, Brasilien, den USA und England ist das Werk daher sehr erfolgreich, in Besprechungen tauchen berispielsweise die folgenden Passagen auf: „Manguels unprätentiöser Ton ist der eines Freundes, der voller Begeisterung sein Wissen teilen möchte. Diesem Autor zu folgen, seinem Witz, seinen Abschweifungen, ist eine wahre Freude" (Kirkus Reviews); „Es gibt viele Texte über die Bücher und das Leben – aber diese bezaubernde Beschreibung ist unübertrefflich. Gleichsam einer klugen Elster hat Manguel faszinierende Funde gesammelt" (Financial Times). Fast gleichzeitig erschien „Literatur und Lust" von Thomas Anz, und in dieser Synchronizität zeigt sich wieder einmal, daß Geistesblitze zuweilen an mehreren Orten gleichzeitig niedergehen.

Vielleicht war die Zeit einfach reif für eine Auseinandersetzung mit dem Lesen. Denn auch wenn Richard de Bury den Prototyp für die Liebeserklärung an das Lesen schon vor langer Zeit niedergeschrieben hat, kann doch heute ein regelrechtes Füllhorn an Beispielen zum Thema präsentiert werden. Inzwischen wurde der Buchdruck erfunden, Bibliotheken entstanden und vergingen, Heerscharen von Bibliophilen zogen vorüber, Medienkonkurrenzen wurden und werden ausgefochten, die Bücherwelt befindet sich derzeit im größten Umbruch seit Gutenberg – und seit inzwischen einem Vierteljahrtausend stellt man sich in Mitteleuropa die Frage, welche Schrift – Fraktur oder Antiqua – dem geschriebenen Wort wohl angemessener sei. Die einen sagen, Antiqua sei klarer, ästhetischer und aufklärerischer, die anderen sehen in der Fraktur die dem Deutschen gemäßere Schrift, die das Wort „Apfelbaum“ gleichsam zu einem Ideogramm mache.

Und in der Tat scheinen die rustikalen Zeichen gebrochener Schriften aus jedem Wort einen Schriftzug zu machen, den man als ganzes aufnimmt. Aber davon abgesehen, ob nun Antiqua oder Fraktur zu bevorzugen sei: Der leidige Konflikt war nun einmal lange genug da, um in jeder Schrift riesige Mengen an Geschriebenem und Gedrucktem entstehen zu lassen. Und auch wenn man heute in den Schulen und Antsstuben nur noch lateinische Schriften pflegt, ist doch nicht von der Hand zu weisen, daß die historischen Dokumente zum überwiegenden Teil in Fraktur oder Kurrent gehalten sind.

Im deutschsprachigen Raum sind die historischen Wissenschaften deshalb mit einem praktisch einmaligen Sachverhalt konfrontiert, nämlich der Tatsache, daß die Wissenschaft eine andere Schrift verwendet, als die Dokumente überliefern. Wer heute in Deutschland, Österreich oder der deutschsprachigen Schweiz etwas notiert, tut es üblicherweise in lateinischer Schreibschrift, weil er mit ihr aufgewachsen ist und sich in ihr äußert. Ein Buch wird heute normalerweise in lateinischer Schrift gedruckt, ebenfalls die Zeitungen, auch wenn für Überschriften oder den Namen der Zeitung gerne noch die Frakturschrift verwendet wird.

Der Wettbewerb zwischen Fraktur- und Antiquaschriften

Als im Jahre 1982 durch Karl Severin eine Auswahl von fünfundzwanzig Figurengedichten aus der Zeit von 1640 bis 1767 zusammengestellt wurde, wählte man für den Neusatz der barocken Textbilder sehr wohl gebrochene Schriften, um an die Meisterschaft der alten Typographen anzuknüpfen, die es verstanden, Text und Bild zu einer Einheit verschmelzen zu lassen. Gleichzeitig wurde durch dieses Unterfangen wieder belegt, daß die Frakturschriften heute nur noch als historisches Zitat und somit eigentlich tote Form verwendet werden. Die erklärenden Texte zu den typographischen Kunstwerken hielt man deshalb wiederum in lateinischer Schrift. Die Tatsache, daß durch die Verwendung gebrochener Schriften auf Gestriges und Vorgestriges hingewiesen werden soll, hat in vielen Bereichen dazu geführt, daß heute die gebrochenen Schriften mit unguten Epochen assoziiert werden.

Vor 1941 war die Frakturschrift ein normales Ausdrucksmittel für alle. Linke und Rechte, Liberale, Monarchisten, Nationalisten, Gelehrte, Bürgerliche und andere benutzten, lasen und schrieben die gebrochenen Schriften neben der lateinischen Schrift in großer Selbstverständlichkeit. Jahrhundertelang wurde die deutsche Schrift für deutschsprachige Texte verwendet, während fremdsprachige Texte in lateinischer Schrift geschrieben wurden, sei es im handschriftlichen oder im gedruckten Text. Durch besondere Zeichen, die sich durch wechselseitige Beeinflussung von Sprache und Schrift entwickelt hatten, wurde die gebrochene Schrift der deutschen Sprache besonders gerecht, etwa in der Kenntlichmachung von Wortfugen. In der lateinischen Schrift werden die beiden verschiedenen Wörter „Wachstube“ und „Wachstube“ gleich geschrieben, in der Fraktur nicht.

Der Frakturstreit setzte Mitte des achtzehnten Jahrhunderts ein, als Ewald Christian von Kleist seine Versdichtung „Der Frühling“ in Berlin als erstes nichtwissenschaftliches Buch in Antiqua setzen ließ. Die gebrochenen Schriften waren zu diesem Zeitpunkt in England und den romanischen Ländern schon längst hinter der „Antiqua“, einer von den Humanisten für altertümlich erachteten, in Wirklichkeit aber auf Karl den Großen zurückgehenden Schrift, eingegangen – in Deutschland hielt sie sich in ihrer speziellen, sprachbezogenen Ausformung. Im achtzehnten Jahrhundert waren über neunzig Prozent der deutschen Druckwerke in Fraktur zu lesen. Die Verwendung dieser Schrift garantierte einer Neuerscheinung eine größere Verbreitung, denn im Gegensatz zur Antiqua war die Frakturschrift allgemein verbreitet. Es bildete sich daher die Trennung heraus, fremdsprachiges in Antiqua zu drucken, deutschsprachige Texte hingegen immer in gebrochener Schrift.

Weil man unter den „gebildeten Ständen“ die Antiquaschrift allmählich als stilistischen Ausdruck humanistischer und aufklärerischer Ideale begriff, mit der man also gegen feudale Unterdrückung, Ständegefüge und Kleinstaaterei auftreten konnte, wandten sich ihr die fortschrittlichen Menschen verstärkt zu. Auch Goethe brachte sein „Römisches Carneval“ in Antiqua heraus, die „Fürstenausgabe“ der Werke Wielands ist ein weiteres Beispiel. Als der Klassizismus aufkam und Typographen wie Bodoni und Walbaum ganz besonders ästhetische Antiquaschriften schufen, war die Verwendung lateinischer Schrift gewissermaßen das Gebot der Zeit.

Nun konnte man den edlen Prachtausgaben aus Frankreich und Italien etwas Gleichwertiges entgegenstellen und an die monumentale klassizistische Architektur auch typographisch anknüpfen. Die Begeisterung meinungsbildender Dichter kannte keine Grenzen. Doch schlug die Faszination Wielands für die klare Schrift seiner Werkausgabe innerhalb von nur fünf Jahren ins Gegenteil um. Hatte er zunächst noch unter Tränen des Glücks die Lettern der Antiqua als „jede für sich eine Mediceische Venus“ gelobt, schimpfte er nun über „die verwünschten lateinischen Lettern, die wir uns von den Liebhabern der geraden und halbrunden Linien haben aufschwatzen lassen. Gesteht man die Wahrheit ehrlich, so ist unleugbar, daß die Formen der deutschen Lettern das Auge weniger angreifen als die lateinischen.“

Im neunzehnten Jahrhundert begann man langsam, die deutsche Schrift mit deutschem Geist zu identifizieren. Nach dem Niedergang des Römisch-deutschen Reiches und den Napoleonischen Kriegen setzten sich einige Wortführer des deutschen Nationalismus für die Fraktur als Nationalschrift der Deutschen ein – unter ihnen Fichte und Turnvater Jahn. Die Antiqua wurde nun als „Schrift des Feindes“ abgewertet. Die alten Fragen der Schönheit und Zweckmäßigkeit wurden abgelöst von chauvinistischer Parteinahme. Die Antiqua behielt jedoch etliche Fürsprecher und behauptete ihr Monopol für wissenschaftliche Literatur. Das „Deutsche Wörterbuch“ der Brüder Grimm wurde beispielsweise nicht nur in Antiqua, sondern überdies in konsequenter Kleinschreibung herausgebracht.

Mit dieser Zuordnung der gebrochenen Schrift zu deutschem Selbstbewußtsein hörte man erst im Dritten Reich wieder auf. Denn man wußte sehr wohl, daß es einfacher sei, Deutschland komplett von Fraktur auf Antiqua umzustellen, als den Bewohnern eingenommener oder noch einzunehmender Länder erst die gebrochenen Schriften beizubringen und dann zu erwarten, daß die solcherart gedruckten Bekanntmachungen und Verordnungen auch befolgt würden. Dies ahnend, nahm der „Völkische Beobachter" als erste regierungskonforme Zeitung in Antiquaschrift eine Vorreiterstellung ein.

Auf Veranlassung Adolf Hitlers wurde die deutsche Schreib- und Druckschrift im Jahre 1941 „abgeschafft" und durch die lateinische Schrift ersetzt. Freilich war dem bereits eine jahrzehntelange Diskussion vorausgegangen, denn wenn auch viele die Fraktur aus Sicht funktionaler Typographie als provinziell und unzeitgemäß ablehnten, würdigten doch viele in ihr ein historisches Erbe und kulturellen Reichtum. Ernstzunehmende Gutachten bescheinigten ihr eine bessere Lesbarkeit, weil sie durch das enge Schriftbild den Leser befähigt, die in der deutschen Sprache oft vorkommenden langen, zusammengesetzten Wörter schnell zu erfassen.

So nimmt es nicht wunder, daß das Dritte Reich zunächst keinen Anstoß an ihr fand und in der Tradition der nationalistischen Bewegung die Frakturschrift und die Gotische Schrift als völkisch propagierte und bevorzugte. Der deutschnationale Muff, der ihr bis heute beigelegt wird, liegt zu einem gewissen Teil in der Propaganda dieser Zeit begründet. Als „deutscher Art gemäß" wurde sie den Zeitgenossen durch die Behörden empfohlen, und in dieser Zeit entstanden zahlreiche neue Frakturschriften, gröbere wie auch solche von höchster Qualität. Am 3. Januar 1941 erging ein Rundschreiben an die deutschen Behörden, wonach alle Druckerzeugnisse des Staates nicht mehr in Fraktur, sondern fortan in „Normalschrift" (gemeint ist die Antiqua) zu erscheinen hätten. In den Schulen solle die Normalschrift als einzige Schrift unterrichtet werden.

In der Folge wurden Ernennungsurkunden, Veröffentlichungen, Straßenschilder und anderes nur noch in Antiqua gefertigt. Zur Begründung für diese Maßnahme hieß es: „Die sogenannte gotische Schrift als eine deutsche Schrift anzusehen und zu bezeichnen ist falsch. In Wirklichkeit besteht die sogenannte gotische Schrift aus Schwabacher-Judenlettern. Genauso wie sie sich später in den Besitz der Zeitungen setzten, setzten sich die in Deutschland ansässigen Juden bei der Einführung des Buchdrucks in den Besitz der Buchdruckereien, und dadurch kam es in Deutschland zu der starken Einführung der Schwabacher Judenlettern."

Es ist wohl müßig, darauf hinzuweisen, daß die Entstehung der gebrochenen Druckschriften sich aus dem Kontext der gebrochenen Handschriften, die jahrhundertelang in christlichen Klöstern ausgeformt wurden, erklären läßt und daß darüber hinaus weder in Schwabach noch anderswo Juden in der Lage waren, das Druckerhandwerk auszuüben. Neben der Frage nach besserer Verständigung mit den Bewohnern besetzter Gebiete stand für die Abschaffung der Frakturschrift wohl auch das Bemühen um kulturelle Zusammengehörigkeit des Abendlandes Pate. Nach dem Krieg beließen es die Alliierten und die später gebildeten Regierungen bei der lateinischen Schrift, und daran änderte sich bis heute nichts. Augenscheinlich gab die Zeit dieser Entwicklung recht, denn wer würde gegenwärtig schon eine digitale Nachricht in Fraktur durch das „globale Dorf" senden wollen, wo man sich bereits in Holland damit schwertun würde?

Was jedoch bleibt, ist die Tatsache, daß im deutschsprachigen Raum die überwiegende Mehrheit der Archivalien, Dokumente, Notizen und Bücher nicht gleich erfaßt, sondern zunächst „transkribiert", „übertragen" und „entziffert" werden muß, statt daß man sie einfach lesen könnte. Ein Historiker in Oxford liest sich ein englisches Dokument von 1750 unmittelbar und ohne Mühen durch, während in Deutschland die Geschichtsstudenten ihre Forschungsobjekte zunächst gründlich durcharbeiten müssen. Natürlich hängt viel von der Handschrift ab, und auch die Zeitgenossen von früher beschwerten sich öfters bei den Briefeschreibern über deren unleserliche Schrift.

Doch schafft die Notwendigkeit der Textübertragung in der heutigen Zeit Distanz, zumal wenn die Schrift des Dokuments nicht die eigene, in der Schule gelernte ist. Zwar tauchen gelegentlich Schreib-Lehrbücher auf, manche dieser Bücher sind methodisch sehr gut angelegt, lassen aber die Transkription aus und verraten vor allem nicht den Zweck der Sache; sie wenden sich nicht an den Historiker, sondern an den Ahnenforscher oder das Enkelkind, dem man, teilweise ohne erklärten Grund, die „Schrift von früher" nahebringen will.

Dies ist zugleich eine Folge und eine Ursache unseres derzeitigen Bezuges zu alter Schrift. Wer sich daranmacht, alte Bücher zu lesen, für den wird Frakturschrift ein Teil der Normalität. Der alleinige Maßstab für die Güte einer Schrift kann immer nur aus den Kriterien Lesbarkeit und Angemessenheit gebildet werden. Zu erheblichem Mehraufwand hat der Schriftwechsel dort geführt, wo die alten Schriftträger üblicherweise lagern: in Bibliotheken und Archiven. Die Mitarbeiter solcher Institute bringen nicht immer die erforderliche Fertigkeit zum Lesen der Texte mit, und mit Lernbehelfen und Übungen versucht man die Schwierigkeiten zu überwinden. Ein Kurs im Schreiben und Lesen deutscher

Kurrentschrift, den der Verfasser der Weiterbildungsabteilung an der Österreichischen Nationalbibliothek einmal angeboten hat, fand ausgerechnet bei Bibliothekaren mit bereits langjähriger Praxis besonders großen Anklang, und gerade sie waren es auch, die mit besonderen Schwierigkeiten zu ringen hatten.

Viele Archive haben Mappen mit Beispielen für alte Schriften zusammengestellt, unter anderem das Archiv der Marktgemeinde Perchtoldsdorf, aber all diesen Ansätzen ist sachbedingt gemeinsam, daß die „fremde" Schrift zum Objekt auf einem Seziertisch der historischen Hilfswissenschaften wird, wo man sie untersucht, erkundet und bestaunt. Am großen Bedarf nach solchen Weiterbildungsmöglichkeiten ist zu sehen, daß das Spannungsverhältnis zwischen Dokument und Forscher auch dann bestehen bleibt, wenn man die alten Schriften bereits gut lesen kann. Auch wenn man es in dieser Technik zur Meisterschaft bringt, bleibt doch die alte Schrift das Ungewöhnliche, was von der Norm abweicht. Das bietet die Möglichkeit der vorgefaßten Meinung und birgt die Gefahr, daß man die Forschungsobjekte nach ihrem äußeren Erscheinungsbild auswählt.

Direkt schädlich für wissenschaftliche Geschichtskunde wird die Schrift-Diskrepanz dann, wenn der jeweiligen Schrift der jeweilige Charakter zugeordnet wird. So werden heutzutage Plakate und Bucheinbände fast immer mit Frakturschrift gestaltet, wenn vom Dritten Reich die Rede ist, oder wenn etwas als besonders nostalgisch oder aus der „guten alten Zeit" stammend präsentiert werden soll. Der krasse Gegensatz dieser beiden Intentionen macht ihren Unsinn deutlich. Weder war zu den Zeiten der Frakturschrift alles gut, noch war alles schlecht. Genauso fragwürdig wäre es, wenn sich Linke, Autonome und radikale Antifa-Gruppen der Kurrent annehmen würden, weil sie ja schließlich von Hitler verboten – gleichsam unterdrückt – wurde.

Heute hat die Frakturschrift eine geschichtsbewußte Anhängerschaft, die im Wachsen begriffen ist. Der „Bund für deutsche Schrift und Sprache" setzt sich nicht nur für die Wiedereinführung der gebrochenen Schreib- und Druckschriften ein, sondern arbeitet auch daran, indem über ihn typographisch und technisch einwandfreie Frakturschriften für den Computer bezogen werden können. Dadurch wird dem Mißstand abgeholfen, daß die lieblosen Sorten von gebrochener Schrift, die man heute im Computerhandel kaufen kann, in vieler Hinsicht nur Attrappen sind und auf Ligaturen und Sonderformen mehrheitlich verzichten.

Die innere Qualität einer Schrift hängt nicht davon ab, ob sie nun zu den gebrochenen oder zu den Antiquaschriften gehört. Eine Pflege der herausragenden gebrochenen Schriften trägt auch dazu bei, daß man eine gute Fraktur als solche erkennt und nicht alles über einen Leisten schlägt. Was heute jedoch an Befürwortern aus dem deutschnationalen Lager vorhanden ist, wortern aus dem deutschnationalen Lager vorhanden ist, propagiert selbstverständlich die gebrochenen Gruppen prinzipiell und aus der oben dargestellten Tradition heraus. Einen wissenschaftlichen Lernbehelf, der das Lesen und Schreiben mit den formalen Regeln der wissenschaftlichen Transkription verbindet, gibt es derzeit noch nicht, obwohl die Vorarbeiten dazu bereits geleistet sind und auch Interesse seitens mancher Verlage besteht.

Die Unterrichtsministerien im deutschsprachigen Raum sind weit davon entfernt, die gebrochenen Schriften wieder einzuführen, weil sie wohl auch dem drohenden Nationalgefühl keinen Vorschub leisten wollen. Jedoch ist man sich in Deutschland, Österreich und der Schweiz nicht der Gefahr bewußt, daß durch ein „breites Vergessen" der gebrochenen Schriften unsere Geschichtsträger zur toten Masse werden und dann eigentlich auch nicht mehr aufbewahrt werden müssen. Wenn wir uns ganz von der Frakturschrift verabschieden, droht uns die Geschichtslosigkeit.

Wie könnte ein Ausweg aus dem Spannungsverhältnis zwischen Dokument und Leser, zwischen Schrift und verstehendem Menschen aussehen? Wer sich heute für die Wiedereinführung der Kurrentschrift an deutschen und österreichischen Schulen einsetzt, gerät leicht in die falsche Schublade. Vor allem muß deshalb klargestellt werden, daß nicht Nostalgie oder gar eine politische Rückwärtsorientierung hinter Pflege und Verbreitung alter deutscher Schriften steckt, sondern praktische Notwendigkeiten und wissenschaftliches Interesse, und diese Abgrenzung gelingt den Fraktur-Anhängern nicht sehr überzeugend. Wer wirklich für multikulturelles Leben eintritt, wird sicher auch eine Pflege der gebrochenen Schriften begrüßen.

Es ist jedoch auch zu überlegen, in welcher Weise man die gebrochenen Schriften „pflegen" oder „wiedereinführen" sollte. Diese Frage verleitet zum Nachdenken darüber, was als das „Normale" anzusehen ist: Ist die Lateinschrift die Norm, so wird man die Kurrentschrift ergänzend lernen, vielleicht erst in der weiterführenden Schule oder während des Studiums, was bei Schülerprojekten und historisch ausgerichteten Studienfächern bereits der Fall ist. Wer hingegen die Einführung als gleichwertige Zweitschrift forciert, läuft Gefahr, mit den heute vorhandenen Normen zu kollidieren. Daran wird deutlich, daß es einen Ausweg eigentlich gar nicht gibt. Man kann Kurrentschrift lesen und schreiben lernen und dabei auch zur Meisterschaft kommen – aber die Schrift, in der der mittlerweile weltweite geistige Austausch vollzogen wird, ist die lateinische Schrift, und die Kurrentschrift ist zwangsläufig die „Ausnahme", der „Sonderfall", das „Abweichende“. Daran würde sich auch nichts ändern, sollte es wirklich zu einer Wiedereinführung kommen.

Interessant wären deshalb Erfahrungen aus der Zweischriftigkeit anderer Völker. Mit dem Vorschlag, die Griechen oder Russen sollten doch ihre Nationalschriften abschaffen und sich fortan der Lateinschrift bedienen, würde man nicht nur verständnislose Blicke ernten – man würde möglicherweise eine ergiebige und fruchtbare Diskussion über die verschiedenen Schriften der Welt anzetteln, die jedoch vermutlich via Internet und natürlich in Lateinschrift ablaufen und diese damit abermals als normale Einheitsschrift des „globalen Dorfes“ bestätigen würde. Und in diesem Zusammenhang sei als Kuriosum angemerkt, daß auf den Euro-Banknoten die Währungsbezeichnung zwar immer auch in griechischer Schrift angebracht ist, obwohl gerade dieses Land das ganze Währungsprojekt unmittelbar vor den Rand des Scheiterns gebracht hat.

Handelt es sich aber bei Fraktur, Kurrent und Gotisch in jedem Fall um historische Formen? Tatsächlich werden auch heute noch neue Schriftschnitte entwikkelt. Daneben wurden in den vergangenen Jahren sehr viele historische Schriftschnitte für PC-Anwendungen nutzbar gemacht, so daß uns heute trotz der digitalen Revolution weitaus mehr und bessere Möglichkeiten zur Verfügung stehen, schnell, bequem und kostengünstig mit nahezu allen gebrochenen Schriften zu arbeiten. Doch die Zeit bringt immer ihre eigenen stilistischen Ausformungen hervor, und eine Frakturschrift, die zeitlich nach den kühlen Groteskschriften unserer Epoche gebraucht würde, müßte schon überaus modern aussehen, um nicht als veraltet zu gelten.

Alles in allem geht die Mehrheit der Leser davon aus, daß die gebrochenen Schriften heute unzeitgemäß sind. Aber genau das kommt diesen Schriften zugute. und eben genau davon profitieren sie. Denn wären sie nicht unzeitgemäß, wie könnte dann erklärt werden, daß Zeitungen, Restaurants und „Oma-Kochbücher“ am liebsten diese Schriften tragen, diese Stilformen der „guten, alten Zeit“? Die heutige Verwendung gebrochener Schriften geht von ihrem historischen Charakter aus und schreibt ihn fest. Darin aber liegt das innere Dilemma der Frakturschrift. Sie ist nicht gewöhnlich genug, um einfach aufgrund einer besonderen Angemessenheit als Textschrift für ein Buch verwendet zu werden. Wo sie auftritt, weckt sie sofort spontane Gefühle beim Betrachter. Und sie stellt ihm die Frage, wie er es mit seinen Affekten hält.

Von der Fraktur zur Kurrent: Wie sich vor dem Hintergrund dieses Schriftenproblems die konkrete Arbeit mit alten Dokumenten darstellt, sei anhand eines Beispieles aus der Praxis veranschaulicht. Dabei geht es um die Vorbereitungen zur Erschließung handschriftlicher Aufzeichnungen, die heute nicht mehr für jedermann lesbar sind. Eine wissenschaftliche Beschäftigung mit privaten Niederschriften, die uns überwiegend in Form von Tagebüchern sowie allen Arten von Briefen und Notizen zugänglich sind, setzt eine klare systematische Vorarbeit voraus. Im Bezug auf die Erforschung handgeschriebener privater Aufzeichnungen springt einen der soziologische Aspekt regelrecht an.

Wir lesen im Tagebuch eines schüchternen Mädchens und erfahren, wie es versucht, auf andere Menschen zuzugehen, dabei jedoch immer wieder auf die Grenzen trifft, die seine Seele ihm gesteckt haben. Anhand der zahlreichen Unikate solcher Bücher lassen sich Typologien zufriedener und unzufriedener Menschen erstellen; unerkannte Dichter und Künstler stehen neben unverständigen Zeitgenossen, die ihre Umgebung in naiver Weise reflektieren und bei der Niederschrift von keinem Verleger oder Lektor gegängelt wurden. Die Unmittelbarkeit dieser Überlieferungen ist es, die den analytischen Blick in die Seele dieser Menschen überhaupt erst ermöglicht. Das primäre Hindernis dabei liegt in der Regel in dem Umstand, daß alte Handschriften heute nicht mehr von jedermann gelesen werden können. Es ist ein positiver Nebeneffekt, daß sich die alten Privatbücher dadurch dem Nichteingeweihten versagen.

Gelingt es, die Schriftdiskrepanz zu überbrücken und dem originalen Autographen eine wissenschaftliche Transkription beizustellen, lassen sich die Texte einer breiten Öffentlichkeit erschließen. Erst dann sprechen die in Rede stehenden Personen klar und deutlich, und erst dann wird für das Publikum nachvollziehbar, was die Seele der jeweiligen Person bewegte. Die Aufzeichnungen sind nicht anzuzweifeln und vermitteln teilweise erschütternde Bilder. In jedem Fall ist privaten, nicht für die Veröffentlichung bestimmten Aufzeichnungen ein besonderer Realitätscharakter zueigen. Es gibt kaum einen Grund, sich hinzusetzen und ein völlig fiktives Tagebuch zu schreiben, wenn man nicht gerade Schriftsteller ist, und solche Erzeugnisse lassen sich auch anhand äußerlicher Kriterien leicht identifizieren. Hinweise auf einen literarischen Schaffensakt geben etwa das Ändern von Formulierungen oder das Anbringen systematischer Korrekturzeichen.

Die Deutung einer Handschrift und der Vergleich mit den im Text gemachten Angaben mit der eigenen Biographie bringen ebenfalls Klarheit in zweifelhafte Aufzeichnungen. Gelingt es, die echten Tagebücher von den unechten zu unterscheiden, liegt in der thematisch-chronologischen Sammlung ein nicht versiegender Quell für alle möglichen wissenschaftlichen Fragestellungen. Der besondere Wert dieser Buchgattung ist darin zu sehen, daß alles subjektiv und unmittelbar niedergeschrieben wurde und somit denjenigen, der sich damit auseinandersetzt, zum Zeugen eines authentischen Berichtes werden läßt. Es liegt in der Hand des jeweiligen Forschers, aus diesen Quellen aufgeschlossen und besonnen Einzelaspekte herauszulösen und in einen größeren zeitgeschichtlichen Kontext zu stellen. Die Möglichkeit dazu ist jedenfalls vom Material her vorhanden.

Warum man eine Schrift wählt. Typographie mit Hintergedanken.

Die Entscheidung, in welcher Schrift man einen Text veröffentlicht, wird heute in vielen Fällen nicht mehr von ästhetischen und graphischen Erwägungen bestimmt, sondern von manipulativem Kalkül: Will man einer beliebigen Sache irgendeinen Anstrich geben, so verwendet man eine Schrift, von der man annimmt, daß sie dieses Klischee am besten und gründlichsten bedient. Das war auch früher schon so, sobald Werbung und Propaganda erkannt hatten, welche subtilen Botschaften sich mit der Gestalt von Schriften vermitteln lassen. Die Anfänge dieser Entwicklung mögen im Historismus liegen, als man sich bestimmten verflossenen Epochen betont zuwandte. In nationalgeschichtlichen Prachtwerken verwendete man da gerne mal Textura als Auszeichnungsschrift, um an die alte Kulturepoche Gutenbergs anzuknüpfen.

Doch der Kunstgriff funktionierte auch andersherum: Ausgesprochen moderne Schriften ließen sich in der technisch äußerst fortschrittlichen Zeit ab den zwanziger Jahren für alles verwenden, was nach Zukunft aussehen sollte. Dementsprechend begannen sich Tendenzen beim Schriftgebrauch herauszubilden: Alte Schwabacher ließ sich gut für alte Erzählungen und Schwänke verwenden, Fraktur entwickelte sich vom Normalen zur Lieblingsschrift konservativer Gruppen, die gerne am Bewährten und an den hohen Zeiten der Kulturgeschichte festhalten wollten. Allerdings nicht nur: Das Kommunistische Manifest von Karl Marx erschien ganz selbstverständlich in Fraktur; der Grund dafür lag wahrscheinlich darin, daß es sich dabei um eine reguläre Buchveröffentlichung handelte und nicht um ein Flugblatt.

Noch lange sollte die Fraktur in Deutschland eine im Kern politisch nicht aufgeladene Alltagsschrift bleiben. Die Nationalsozialisten begannen die wirklich politische Prägung dieser Schrift mit der unhaltbaren Lüge, es handele sich bei der Alten Schwabacher um „Judenlettern“. Der Hintergrund dieses Angriffs war das Kalkül, daß eroberte Völker alle möglichen Bekanntmachungen und Befehle wohl besser verstehen würden, wenn man sie in Antiquaschrift anschlüge. Der Apparat folgte, Verlag um Verlag und Zeitschrift um Zeitschrift stellte auf Antiqua um, und zwar besonders schnell gerade da, wo die Dinge fest in nationalsozialistischer Hand lagen.

Nach Kriegsende 1945 beließ man es dabei. Den neuen Machthabern war es ganz recht, daß den Deutschen ein nationales Identifikationsmittel aus der Hand geschlagen war. Die neue Zeit hatte zunächst wichtigere Probleme als die Schrift. Die Besatzer kannten sich mit Fraktur nicht aus und hätten ihre eigenen Anschläge selbst nicht lesen können. Zeitungslizenzen wurden nur vergeben, wenn die Möglichkeit bestand, das neue Druckmedium inhaltlich zu kontrollieren. Wer jetzt nach Fraktur rief, galt geradezu automatisch als Vertreter einer untergegangenen Zeit. Dadurch entstand das Klischee, Frakturschrift sei eine Angelegenheit des früheren, des „falschen" Deutschlands gewesen.

Den Deutschen ist der Wesenszug zueigen, eine Sache unnötigerweise um ihrer selbst willen zu übertreiben. Deshalb fanden sich seither immer wieder Leute, die das Klischee von der Fraktur als „vorgestriger" oder sogar „nationalsozialistischer" Schrift munter bedienten, förderten und propagierten – obwohl sich leicht herausfinden läßt, daß es mit dieser Behauptung nicht weit her ist. Seien es Illustrierte wie der „Stern" oder der „Spiegel", seien es linke Plakate oder Bücher zu historischen Themen: Wann immer rechtes Gedankengut typographisch angezeigt werden soll, kramen diese Menschen Frakturschrift aus. Sie tun das vor allem, weil es kinderleicht ist, auf der Basis einer allgemeinen Konvention Klischees zu füttern, die sich offenbar allgemein durchgesetzt haben. Sie tun es aber besonders unverzagt, weil es nicht ihrer inneren Haltung entspricht, deutsches Kulturgut zu schützen – im Gegenteil, Frakturdiffamierung ist auch eine Art Bildersturm. Betrachtet man einmal unvoreingenommen, wie leicht und gefühlvoll manche zarte Frakturschriften übers Blatt rieseln, ist der Gedanke an völkermordende Horden eher abwegig.

Wesentlicher scheint zu sein, daß die Deutschen insgesamt ihr eigenes Verhältnis zur Frakturschrift verloren haben. Außerhalb interessierter Gruppen ist sie ihnen fremd, mittlerweile auch wesensfremd. Sie sehen keine Notwendigkeit darin, sie zu kennen oder gar lesen zu können. Fraktur ist heute nicht mehr die Schrift der Deutschen. Bis sie vielleicht einmal eine Schrift der Deutschen sein wird, ist es ein weiter Weg, der auch nur zu gehen ist, wenn sich ein komplexfreies, wohlwollendes Verhältnis des einzelnen Deutschen zu seiner Nation entwikkeln kann. Schon das erscheint vorläufig nicht besonders aussichtsreich.

Einstweilen verwendet man Frakturschrift aber nicht nur für absichtsvolle politische Propaganda, die immer wieder das Ziel verfolgt, die Deutschen in irgendeine Richtung zu verändern, sondern auch für vieles, was den Anschein von „guter, alter Zeit“ erwecken soll. Die Widersprüchlichkeit beider Tendenzen liegt auf der Hand. Nun gut, sei es nun das Wirtshausschild, eine Produktverpackung oder was sonst nicht alles – hier geht es allein darum, ohne Regelkenntnis und typographisches Gefühl einfach mal irgend so eine „alte Schrift“ draufzugeben. Zugegeben: Das kann gelegentlich sehr gut gelingen. Ich nehme aber der Mehrheit dieser Schriftschleuderer ihr Anliegen nicht ab. Denn sie verwenden Frakturschrift nicht mit dieser Selbstverständlichkeit und Souveränität, mit der man das früher gemacht hat, sondern sie suchen eigentlich nur einen Schriftschnitt aus, von dem sie annehmen, daß er irgendwelche Reflexe auslösen soll, geben sich aber mit den Eigenheiten dieser Schrift nicht weiter ab. Dadurch verhöhnen sie nicht nur die Frakturschrift, sondern auch alle, die diese Schilder und Beschriftungen dann sehen müssen, und sie setzen bewußt auf Kitsch – die Kitschigkeit des gekünstelt Altmodischen.

Wir müssen genau unterscheiden: Heute Fraktur zu verwenden, ist mutig und ehrenwert. Verwenden bedeutet aber, einen gesunden Standpunkt gegenüber der Schrift zu haben, die man einsetzt. Wenn man sie einfach nur hernimmt, um graphisch irgendetwas Originelles zu schaffen, ohne Sinn und Verstand, dann ist es abzulehnen. Genau dazwischen verläuft die feine Trennlinie, an der sich richtige, normale Verwendung von Fraktur und Schriftenkitsch teilen. Zum Schriftenkitsch gehört es übrigens auch, wenn man einen überkommenen Fraktur-Schriftzug – wie beispielsweise den des Förstina-Sprudels – plötzlich mit Schluß-s mitten im Wort schreibt, weil man annimmt, dies sei „lesbarer“. Im Gegenteil: Durch diese Verballhornungen wird ja die richtige Frakturschrift immer unbekannter. Weit besser wäre es, die richtigen Schreibweisen zu pflegen oder, wenn man damit nicht zufrieden ist, ganz auf Antiqua umzusteigen (was dem Sprudel dann aber das Ansehen langer Tradition nimmt).

Die Auswahl einer Schrift sollte stattdessen von ganz anderen Überlegungen bestimmt werden: Statt ihr eine angebliche politische Bedeutung beizumessen, könnte man besser danach fragen, ob ihre optische Erscheinung zum jeweiligen Inhalt paßt. Ob man sich dabei vom Politischen ganz lösen kann, muß jeder selber ergründen – vielleicht ist dies aber auch gar nicht notwendig. Ein Frühlingsgedicht wird in schwerer Tannenberg-Schrift nicht besonders überzeugen. Aber unabhängig davon, ob man sich für oder gegen Frakturschrift entscheidet, bietet jede Schriftart genügend Möglichkeiten, für den jeweiligen Inhalt das passende Gewand zu finden.

Wenn Leute sagen, daß sie das nicht lesen können…

Schaut man sich um, stößt man immer wieder auf das freimütige Bekenntnis, mit dem erwachsene Menschen ihre mangelhafte Bildung kundtun: „Das kann ich aber nicht lesen“. Wieviel Ignoranz, Unbedarftheit und Anspruchslosigkeit steckt doch in diesem einen Satz. Zunächst einmal: Wenn man selbst zu etwas nicht in der Lage ist, weil man versäumt hat, es zu erlernen, dann ist das ausschließlich das Problem von einem selbst. Aber mit welcher Konsequenz: Das in Archiven und Bibliotheken bewahrte deutsche Schrifttum besteht noch immer zum weit überwiegenden Teil aus Texten, die in Fraktur gedruckt sind. Zahllose Zeitungen, Bücher, Akten, auch private Aufzeichnungen (wenn man die Kurrentschrift hinzunimmt), Poesiealben, Manuskripte, Urfassungen, Verträge, Willenserklärungen, Briefe, Notizen, Tagebücher und was nicht noch alles – ein ganzer Ozean des Wissens geht demjenigen verloren, der keine Frakturschrift lesen kann.

Es gehört deshalb schon aus Gründen eines ungehinderten Zugangs zu geschichtlichen Informationen zum absoluten Mindest-Handwerkszeug jedes im deutschen Sprachraum aufwachsenden Menschen, sich diese Schrift anzueignen. Und da die Schule bei diesem wesentlichen Bildungsschlüssel völlig versagt, ist es Aufgabe der Eltern, für diese Fertigkeit zu sorgen. Versagen auch die Elternhäuser, muß sich der junge Mensch irgendwann selbst aufraffen, diese Pforte aufzustoßen. Bedauerlicherweise ist die Einsicht in ihre Wichtigkeit ganz und gar nicht allgemein verbreitet, sondern zu einer Art esoterischem Wissen geheimer Zirkel verkommen.

Wenn diese Entwicklung in dieselbe Richtung weiterläuft, werden sich die nachgewachsenen bildungsfernen Millionen in Deutschland fragen, wofür in Deutschland alte Bücher, die niemand mehr lesen kann, mit immensen staatlichen Mitteln bewahrt, gepflegt, erschlossen und zugänglich gemacht werden – sofern ihnen überhaupt bekannt ist, daß es solche Häuser, einst Bibliotheken oder Büchereien genannt, gibt. Diese Menschen werden sie für unnütz halten und verwahrlosen lassen. Internetseiten wie Ebay, wo schon jetzt seltenste und wertvollste Bücherschätze für Knopf und Klicker verschleudert werden, besorgen den Rest.

Bleiben wir noch einen Moment bei den Menschen, die sich zum Fraktur-Analphabetentum bekennen. Sie bezeichnen Fraktur gedankenlos als „altdeutsche

Schrift", als ob es auch „neudeutsche" gäbe, sie legen diese Bücher aber schneller weg, als sie sie zur Hand genommen haben – oft nur, um sie im Internet zum Kauf anzubieten. Dementsprechend fehlerhaft sind dann natürlich auch die Titelübertragungen, so manches s wird dort zum f, und manches y wird als n gelesen. Die bekannte und in vielen Auflagen erschienene „E. v. Seydlitzsche Erdkunde" wird zu einer „Sendlitzschen", dabei könnte jeder Antiquar, wenn er einmal sein Brillchen zur Hand nehmen würde, schon im Titel den sichtbaren Unterschied zwischen y und n erleben.

Solche Fehler, die natürlich jedes Buch unverkäuflich machen, weil es mit dem falsch übertragenen Titel auf den Suchplattformen nicht mehr auffindbar ist, machen selbst noch Antiquare mit jahrelanger Berufspraxis! Dabei ist es doch gerade diese Berufsgruppe, die sich immer besonders viel darauf einbildet, daß jeder von ihr angebotene Firlefanz ein seltener Kulturträger ist, und mit diesem Dünkel ihre Kundschaft regelmäßig um hübsche Summen erleichtert. Aber bieten Sie einmal einem Antiquar ein altes Buch an. „Unverkäuflich", werden Sie hören, „randständig", „zu häufig", „beschädigt", „uninteressant". Die richtigen, gebildeten Antiquare, die Kulturgüter vermitteln und sich in vielen historischen und literarischen Sparten bestens auskennen, sind bereits selbst zu Raritäten geworden.

Daß sich in diesem Metier so viele Unkundige betätigen, hat einen einfachen Grund. Denn schon immer ging von den alten Büchern, die sich dem Unkundigen eben nicht gleich erschließen, eine starke Faszination aus. In der Renaissance wurde durch diese Neigung einiger Bücherfreunde die ganze neuere Kultur Europas begründet. Im Barock mit seiner Wissenslust erfreuten sich antike Bücher höchster Wertschätzung. In der Aufbruchszeit der deutschen Jugendbewegung neigten sich einige Gymnasiasten, angestiftet durch ihren Musiklehrer, den alten Liederbüchern zu und lösten damit eine Musikbewegung aus, deren Einflüsse bis in die Gegenwart reichen. In Romanen, Erzählungen und Kinofilmen kommen immer wieder Bücher als Quellen magischen oder zumindest geheimen Wissens vor, das vor dem Zugriff Unbefugter durch mechanische Hürden, fast immer aber auch durch unbekannte, nur dem Eingeweihten zugängliche Schriftzeichen geschützt ist.

Die Faszination des Neugierigen führt dazu, daß man sich den verborgenen Inhalt aneignen will. Beim Lesen trennt sich dann sehr schnell die Spreu vom Weizen: Der behutsam vorgehende, um Wissenserwerb bemühte Forscher wird den Text zunächst aus sich heraus sprechen lassen und nimmt dann eine vorsichtige, begründete Deutung vor. Der Einfältige hingegen, der sich von dem alten Text unterhalten lassen will, fängt die Sache schon falsch an, denn er vermeint hier eine Schrift, die er nicht frei zu lesen vermag, zu „entziffern", da er es ja mit Hieroglyphen zu tun zu haben glaubt: Eiwei, was könnte das nur heißen… – im Zusammenhang damit steht auch das Unverständnis gegenüber diesen Quellen. Ist ihre Sprache erst einmal zum Klingen gebracht, hebt gleich das Gelächter an, weil er sich über die Gestelztheit oder Umständlichkeit des früheren Sprachstils lustig macht. Kurz gesagt: Den Respekt, die Achtung und Demut gegenüber alten Quellen können Sie einem Leser unmittelbar aus dem Gesicht lesen. Natürlich ist nicht jedes alte Buch automatisch ein stilistisches Glanzstück, aber die Bücher sprechen in der Sprache ihrer Zeit. Auch wir tun das, auch dies kann eines Tages als lächerlich empfunden werden (mache lachen jetzt schon). Wer über die Alten lacht, lacht letzten Endes über sich selbst.

Alles drei müßte Hand in Hand gehen: Kenntnis der Schrift, Verstehen des Inhalts, Verständnis für die Form. Wir wissen ja auch, wenn wie ein altes Schwarzweißphoto betrachten, daß die Welt zur damaligen Zeit trotzdem Farben hatte. Wir halten die Mittelhochdeutsche Dichtung hoch, auch wenn sie heute eigentlich wie nach einer Sprachbehinderung klingt. Freunde alter Autos gurken mit lächerlichen 16 PS durch die Lande und begnügen sich mit dem Platzangebot kleiner Kabinenroller, sie bezahlen viel Geld für Ersatzteile und Reparaturen, obwohl sie für einen Bruchteil der Kosten einen schnelleren Schlitten fahren könnten. Es geht eben nicht immer um Effizienz, sondern darum, die Vorzüge der Dinge in ihrer eigenen Zeit anzuerkennen. Die Telegraphie etwa kam im 18. Jahrhundert auf – optisch zunächst. Gegenüber unseren heutigen Möglichkeiten erscheint sie geradezu als steinzeitlich. Aber in ihrer Zeit war sie eine umwälzende Neuerung, da sie die Nachrichtenübermittlung über große Strecken hinweg unglaublich beschleunigte.

Wir können aber diese behutsame Einsicht nicht allgemein voraussetzen – schon Schreibmaschinen gelten heute als vorgestrig und unbrauchbar, obwohl sie, rein zum Schreiben verwendet, dem Computer in einigen Punkten überlegen sind. Telephone mit Wählscheibe sind völlig unmöglich. Es gibt einfach neue Standards. Gefährlich ist an ihnen nur, mit welcher Verbissenheit und mit welchem Absolutheitsanspruch sie heute durchgesetzt werden. Das macht es immer schwieriger, sich diesem Üblichen zu entziehen. Um so leichter ist es jedoch, als selbstbewußter Mensch abseits dieser Gleichförmigkeit zu stehen. Es ist heute überall möglich, für geringere Kosten zum Exoten zu werden.

Gehen wir zurück zu den Menschen, die meinen, Frakturschrift nicht lesen zu können: Das grundlegende Problem bei ihnen ist die Geringschätzung der Quellen. Die führt schon jetzt dazu, daß historische Bücher nur noch von kleineren

Kreisen geschätzt werden. Wer wird künftig die enormen Kosten tragen wollen, die Bibliotheken für die Bestandserhaltung ausgeben? Wer wird überhaupt denken, er könne aus einem alten Buch wertvolle Informationen bekommen, wo es doch so unaktuell und veraltet erscheint? Tatsächlich geben Bücher ja nicht nur Informationen weiter, sondern sie sprechen auch darüber, welche Informationen ihren Verfassern zur Verfügung standen und wie diese Informationen interpretiert wurden. Vor allem bei Geschichtswerken kann man sehr schön sehen, wie sehr sie ein Kind ihrer jeweiligen Zeit sind.

Geschichtskunde ist immer Interpretation. Auf der Grundlage derselben Ereignisse läßt sich einmal eine Geschichte der Herrscherhäuser und Feldherrn, einmal eine Geschichte der Industrialisierung und der Arbeiter und schließlich noch eine Geschichte der Umweltzerstörung schreiben – und noch einige mehr. Und jedesmal werden die Daten einfach von einem anderen Standpunkt her ausgewertet. Selbst Konversationslexika waren nicht davor gefeit, das Wissen zu interpretieren. Das beste Beispiel dafür, zumindest für den deutschen Sprachraum, ist „Meyers Konversationslexikon". Im Dritten Reich schäumten die Bände nur so vor brauner Propaganda. Zu dieser Zeit war der „Meyer" das nationalsozialistische Lexikon schlechthin. Nach dem Krieg kam eine neue Auflage heraus – in der DDR. Und wieder folgte das Werk dem ideologisch verstellten Weltblick seiner Verfasser. Der Brockhaus war da gemäßigter, aber auch nicht so ganz frei davon, wie die erste Nachkriegsausgabe zeigt. Sie erschien in Westdeutschland und atmete noch etwas alten Ungeist.

Vor allem aber vernichten diese Menschen eine Menge Quellen dadurch, daß sie sie eben nicht mehr zur Kenntnis nehmen. Sie können kein altes Lexikon befragen, finden keine alten Arbeitsanleitungen oder Rezepte – sie sind immer auf Informationen aus zweiter Hand angewiesen. Nehmen wir ein Beispiel: Im Zuge der Kampagnen gegen das Rauchen weichen heute mehr und mehr Menschen auf sogenannte Kräutertabake aus. Das sind Zubereitungen aus getrockneten Pflanzenblättern, die einen gift- und suchtfreien Ersatz für das herkömmliche Tabakrauchen bieten sollen. Man kann sie kaufen, sie kosten aber ungefähr soviel wie normaler Tabak. Wenn man sie selber herstellen will, muß man viele Versuche anstellen – oder Fraktur lesen können.

Es hat nämlich in Europa eine viele Jahrhunderte lange Tradition, bestimmte Pflanzen zu rauchen. Man rauchte schon lange, bevor bei uns der Tabak bekannt wurde. Vor allem geht es dabei um Huflattich, Haselnußblätter und noch manch andere wie Brombeere oder Salbei. Wer alte Quellen lesen kann, findet dort die Information, daß man die Huflattichblätter in einer Lösung wohlriechender Kräuter und Blüten in Wein und Bier mazerieren solle. Wer das nun nicht findet, weil er es nicht lesen zu können vermeint, der muß warten, bis ihm diese Information in anderer Form zugetragen wird. Aber dann ist sie womöglich schon verfälscht.

Viele der Überlegungen, die wir bis hierhin angestellt haben, laufen auf eine gewisse Normalität bei der Verwendung von Schriften hinaus. Sie sollten nicht mehr der Sonderfall, das Außergewöhnliche oder Spezielle sein, sondern Teil des ganz gewöhnlichen Schreiballtags. Wie kann man das aber erreichen?

Es ist ganz klar: Der Standard ist in unserem heutigen digitalen Informationsalltag die Antiqua sowie die Grotesk. Auch eine breite Rückbesinnung auf Frakturschrift wird daran nichts ändern, nicht zuletzt aufgrund der Tatsachen, daß es in Deutschland inzwischen einen Ausländeranteil von 21 % gibt und weite Bevölkerungskreise ihre persönlichen Bildungsansprüche auf das für sie notwendige Maß beschränken. Die sogenannten „bildungsfernen Schichten“ sind zwar immer vorne dabei, wenn es um neue Mobiltelephone oder Großbildfernseher geht, weil sie mit dem Erwerb solcher Symbolwaren Teilhabe an der Gesamtgesellschaft erkaufen wollen. Schon bei Büchern dreht ihr Konsumverhalten aber sofort ab. Als wichtigste Informationsquelle nutzen sie das Internet und den Fernseher. Es steht außer Frage, daß in diesen Bereichen die Schriften beibehalten werden, die von ihren Benutzern, also Lesern, als bequem empfunden werden.

Es gibt aber nach wie vor eine Menge Menschen im deutschen Sprachgebiet, die höhere persönliche Ansprüche stellen – sowohl an die ihnen zugänglichen Informationsmedien als auch an sich selbst. Menschen mit geschichtlicher oder familienkundlicher Neugier sowie Sammler der verschiedensten Sammelgebiete werden über kurz oder lang merken, daß sie mit Kenntnissen der deutschen Schriften auf ihrem jeweiligen Fachgebiet erheblich weiter kommen. Wie hoch der Anteil dieser Menschen an der Gesamtbevölkerung ist, weiß ich nicht.

Abgesehen von akademischen Geschichtswissenschaftlern dürften aber gerade diese Privatforscher eine ganz schön große Bevölkerungsgruppe stellen, die man gezielt ansprechen könnte. Auch ihnen wird sich aber nicht sofort erschließen, wieso sie nun mehr Frakturschrift benutzen (also lesen und schreiben) sollen. Der Grund ist indessen leicht erklärt: Die tägliche Übung führt schon nach kurzer Zeit zu einer deutlichen Steigerung des Verständnisses, der Regelkenntnis, der Lesefähigkeit. Daher ist die Übung durch den regelmäßigen Umgang mit gebrochenen Schriften eine hervorragende Ausbildung in diesem Bereich.

Die Frage ist aber, wie gebrochene Schriften in die „Normalität“ der digitalen Informationsverarbeitung eingebracht werden können. Tatsächlich gibt es zahlreiche Fraktur-Zeichensätze für den Computer und für Internetseiten, die auch schon rege verwendet werden. Entscheidend ist aber die Konversionsfähigkeit zwischen den verschiedenen Schriften. Für die Umstellung von Internetseiten auf unreformierte Rechtschreibung gibt es längst ein kleines Zusatzprogramm, das beim Firefox-Internetprogramm im Hintergrund läuft und still und leise die reformierten Schreibweisen ändert. Dem Benutzer wird dann alles so angezeigt, als sei es gar nicht in Reformrechtschreibung geschrieben worden, sondern klassisch.

Ein ähnliches Programm merzt die Unsäglichkeiten der Binnen-I-Schreibungen aus. Noch bevor die Seite angezeigt wird, sind alle Schreibweisen dieser Gruppe verschwunden. Etwas in dieser Art müßte es auch für die Umstellung von Internetseiten auf Frakturschrift geben, damit derjenige, der diese Schriften bei seinen Streifzügen durch das Internet zu lesen wünscht, sie eben auch vorgelegt bekommt. Die Umstellung deutscher Texte aus dem normalen ASCII-Zeichensatz in Frakturschreibweisen ist sehr kompliziert und braucht vielleicht auch einen Moment, sie ist aber schon seit geraumer Zeit technisch verwirklicht. Der „Ligaturix“-Frakturkonverter von Hans-Georg Soldat, dem für diese wichtige Tat auch an dieser Stelle posthum nochmal gedankt sein soll, wurde zwar als Makro für Textverarbeitungsprogramme entwickelt, könnte aber prinzipiell auch in ein Firefox-Addon umgewandelt werden. Die Möglichkeit, Internetseiten automatisch auf Fraktur umzustellen, wurden bereits in Internetforen erörtert, allerdings wurden solche Ideen noch nicht umgesetzt. Genau dies aber wäre die Voraussetzung dafür, daß Fraktur im täglichen Gebrauch wieder mehr verwendet wird.

Außerhalb des Internets stellt sich die Sache wesentlich besser dar. Wer einen Text gerne in Fraktur lesen möchte, kann ihn in ganz kurzer Zeit und ohne nennenswerten Aufwand umstellen. Hierfür bedient man sich am besten des bereits erwähnten Umwandlungsprogramms Ligaturix. Der Text erscheint dann mit allen Sonderzeichen, Ligaturen und richtigen s-Formen auf dem Bildschirm und kann so natürlich auch gedruckt oder zu einem Buch gemacht werden. An rechnertauglichen Frakturschriften ist jede Menge vorhanden. Es ist nicht zuletzt dem unermüdlichen Einsatz des Bundes für deutsche Schrift und Sprache e. V. und seiner Mitglieder zu verdanken, daß auf diesem Gebiet so rasch enorme Fortschritte gemacht werden konnten.

Für den Besitzer eines Computers gibt es heute im Zusammenhang mit dem Einsatz von Frakturschrift überhaupt keine Probleme mehr. Beim Schreiben wird man sich lediglich merken müssen, auf welchen Tasten sich die Ligaturen befinden. Abhilfe schaffen kleine Tastaturaufkleber. Man kann sich auch einen kleinen Spickzettel neben die Tastatur legen und dort nachsehen, wenn man eine Ligatur braucht. Bequemer ist es jedoch, den Text wie immer zu schreiben und anschließend mit dem Ligaturix auf richtigen Fraktursatz umzustellen. Dieses Programm arbeitet fast fehlerfrei, aber eben nur fast. Ein Korrekturdurchgang ist also unerläßlich. Wer viel Fraktur schreibt und dabei immer selbst die Ligaturen eingibt, findet sie nach einer kurzen Weile sozusagen im Schlaf.

Wo lassen sich diese Schriften nun einsetzen? Einerseits in allen Schmucksachen, also Einladungen, Glückwünschen, Briefen und Rundschreiben, Festzeitungen und Familienanzeigen, daneben aber auch überall, wo etwas beschriftet werden muß: Etiketten, Buchumschläge, Schulhefte, Beschriftungen von Schachteln, Ordnern, Stehsammlern und Materialkästen können schnell und leicht in Fraktur geschrieben werden. Das ist ordentlich, übersichtlich und für manchen Besucher außergewöhnlich. Ich selbst beschrifte unter anderem Sammelmappen und -schachteln mit familiengeschichtlichem Archivgut auf diese Weise. Wenn die Schrift auch für den Ungeübten auf Anhieb lesbar sein soll, empfiehlt sich eine klare und deutliche Schrift.

Meine persönlichen Favoriten sind für solche Anwendungen die Tannenberg und die Rudolf-Koch-Fraktur. Stellt man sich seine eigenen Arbeitsmittel wie Formulare oder Projektzettel selbst her, so kann man auch da Frakturschrift zu ihrem Recht kommen lassen. Das gilt auch für Stempel: Nicht nur solche für den Eigengebrauch (erledigt, gebucht, dringend) können gut und gerne in Fraktur gesetzt werden, sondern auch jene, die von anderen zur Kenntnis genommen werden sollen (Mahnung, zurück, eilt). Wenn man sichergehen möchte, daß die Stempel dann auch richtig, also vor allem mit den richtigen s-Formen und den jeweils erforderlichen Ligaturen gesetzt sind, macht man die Vorlagen am besten selbst: Auf dem eigenen Rechner kann man leicht eine Bilddatei mit dem jeweiligen Stempelschriftzug erstellen, die dann an den Hersteller der Stempelplatte geschickt wird. Das geht heute schnell und günstig übers Internet. Ein paar Tage später ist die Stempelplatte oder der fertige Stempel in der Post.

Mit diesen Vorschlägen soll nicht einer Fraktur-Versessenheit das Wort geredet werden, sondern einem verantwortungsvolleren und bewußteren Umgang mit Schrift im Alltag. Wieso sollten wir unsere Lebenswelt komplett mit „Times New Roman" zupflastern, wo diese Schrift doch nichts Persönliches und nur wenig Ästhetik hat? Die Zuneigung zu den gebrochenen Schriften ist keine Glaubensfrage: Es gibt auch sehr schöne Antiqua-Schnitte und Jugendstilschriften. Sie alle bereichern die Kultiviertheit unseres täglichen Daseins. Gerade deshalb sollte Frakturschrift nicht als etwas Außergewöhnliches und Besonderes angesehen werden, sondern als Teil des Alltäglichen. Wir müssen sie aus der Vitrine herausholen.

Hierzu gehört auch, neue Bücher in Normal-Fraktur erscheinen zu lassen – eben nicht als typographische Sensation, sondern geradezu beiläufig. Bei den meisten Verlegern wird man mit diesem Ansinnen wohl nur Kopfschütteln auslösen, weil Verleger immer auf möglichst gute Absetzbarkeit erpicht sind, die sie leider durch Fraktursatz gefährdet sehen. Wir leben aber heute in einer Zeit, in der jeder sein eigener Verleger (und Buchhändler) sein kann. Durch „Print on Demand" lassen sich alle Bücher, die man selbst gerne veröffentlichen möchte, in jeder beliebigen Auflage ab Anzahl eins ans Licht bringen. Es gibt keine Instanz, die irgendwelche Einwände gegen Fraktursatz geltend machen könnte. Doch leider geschieht dies noch viel zu selten. Gerade bei den Anzeigegeräten für elektronische Bücher (E-Books) wäre dafür einiges zu erreichen, womit wir uns im folgenden Kapitel beschäftigen werden.

Fraktur für elektronische Bücher – auf das Datenformat kommt es an.

Seit einigen Jahren nehmen sie Gestalt an, die elektronischen Bücher, die doch keine sind. Kurz gesagt, handelt es sich dabei um Texte ohne Körper, die als elektrostatische Ladungszustände in winzigen Speichergeräten aufbewahrt und auf einem handlichen Anzeigeschirm wiedergegeben werden können. Das funktioniert ohne Papier, allein mit Strom, und es hilft eine Menge Rohstoffe zu sparen. Außerdem sind solche Geräte sehr handlich und erlauben eine bequeme Bedienung. Die Frage ist nur: Kommen sie auch mit Frakturschriften zurecht?

Es ist bekanntlich so eine Sache mit den Neuerungen: Bisher hat man sie nicht gebraucht, aber plötzlich muß jeder so ein Ding haben, um sich dabei zu zeigen, wie er es benutzt. Mit den Fernsprechgeräten war das so, eine Weile auch mit handlichen Minirechnern für Büroaufgaben (Adreßbuch usw.), und nun sind digitale Bücher an der Reihe. Schon um die Jahrtausendwende herum sagten viele das Ende des gedruckten Buchs voraus, klarerweise ist es nicht eingetreten, und was als großartige neue Buchform beworben wurde, hat heute Mühe, überhaupt seinen Nischenplatz zu besetzen. Ein Buch kann nicht durch ein elektrisches Gerät abgelöst werden, ohne daß dabei etwas auf der Strecke bleibt: Lesegenuß, Beschaulichkeit, Duft, Aussehen oder die Art des Einbands. Das Buch ist eben kein Wiedergabemedium, sondern ein eigenes Wesen mit einer besonderen Mischung von Eigenschaften, die man nicht missen will.

Andererseits wurde in der Ästhetik-Auseinandersetzung zwischen Buch und E-Book schon alles gesagt und geschrieben. Wo es sinnvoll ist, kann man die neuen Geräte tatsächlich mit Gewinn einsetzen. Wer lieber ein echtes Buch liest, kann das auch in Zukunft tun. Ich selbst bin auf das Thema E-Book nur deshalb gekommen, weil ich als Buchautor immer wieder längere Texte korrekturlesen muß und dies mit einem Lesegerät ganz praktisch auch im Garten oder auf einer Zugfahrt erledigen kann. Das geht freilich auch mit bedrucktem Papier, andererseits klagt man immer über die Verschwendung von Rohstoffen und über die teuren Druckertoner, und hier bietet sich einmal die Möglichkeit, durch Anschaffung so eines Geräts Probleme dieser Art zu lösen.

Die Entscheidung für dieses und gegen jenes Lesegerät erfordert einige Überlegungen über den beabsichtigten Zweck. Mit einem Gerät im kleinen Format wird man bei Schreibmaschinenseiten unter Umständen schon Unbequemlichkeiten hinnehmen müssen, auch bei elektronischen Ausgaben von Zeitschriften. Reine Textdateien lassen sich gut und praktisch auch auf kleinen Bildschirmen lesen, und praktischer kann das auch sein, weil diese kleinen Geräte besser mitgenommen werden können, vergleichbar mit einem dünnen Taschenbuch. Wer auf so etwas oft und viel lesen will, der sollte von Anfang an ein wirklich geeignetes Gerät auswählen. Das hat auch mit der Frage zu tun, ob man nur einige wenige Alltagsschriften lesen möchte oder ob man von dem Gerät auch eine ordentliche Darstellung von Fraktur erwartet. Falls das der Fall ist, muß man sich schon vor der Anschaffung mit einigen technischen Dingen befassen, damit man nicht hinterher von der Wiedergabequalität enttäuscht ist.

Grundsätzlich kann man sagen, daß ein großer Bildschirm besser ist als ein kleiner, und daß eine höhere Auflösung besser ist als eine geringere. Außerdem sollte man sich zugunsten der bestmöglichen Wiedergabequalität für die sogenannte E-Ink-Technik entscheiden, die weiter unten erklärt wird und dem anderen technischen Darstellungssystem, dem TFT-Bildschirm, deutlich überlegen ist. Dadurch spart man nebenbei auch noch eine Menge Strom, muß das Gerät nicht so oft aufladen und kommt mit einem vollen Akku durch den halben Urlaub. Je größer der Bildschirm und je höher die Auflösung ist, desto mehr kostet das Gerät dann auch.

Ab einem bestimmten Punkt kann die Kostenfrage entscheidungsrelevant werden. Am besten ist es, verschiedene Geräte vor dem Kauf im Geschäft auszuprobieren. Wichtig ist es auch, daß das Gerät möglichst viele Dateiformate „verstehen" kann, damit man bei der Auswahl seiner Texte nicht auf wenige Angebote eingeschränkt ist. PDF als weltweit verbreitetes Einheitsformat muß auf jeden Fall mit dabei sein. Bei manchen Geräten gibt es sehr hilfreiche Zusatzfunktionen, so kann man dann beispielsweise Notizen direkt in das angezeigte Buch hineinschreiben und sie werden für die weitere Benutzung gespeichert.

Wenn man nun auf einem Gerät, das vornehmlich für die Darstellung von Text ausgelegt ist, Bilder anzeigen läßt, die ihrerseits Text enthalten, dann kann das Ergebnis unter Umständen sehr enttäuschen. Bei der Wiedergabe elektronischer Bücher auf Lese- bzw. Anzeigegeräten ist nämlich neben der technischen Ausstattung des Geräts (Bildschirmgröße, Auflösung) das Datenformat des zu lesenden Materials von entscheidender Bedeutung. Die Bildschirme haben ja nie eine Auflösung, die mit der einer gedruckten Buchseite mithalten könnte, folglich wirkt ihre Bildpunktestruktur wie ein feines Gewebe, das die dargestellten Buchstaben vergröbert oder ihnen sogar ein Interferenzmuster hinzufügen kann. Es gibt also die grundsätzliche Möglichkeit der schlechten Wiedergabequalität. Und diese Möglichkeit verstärkt sich noch, wenn das gespeicherte Dokument ein ungünstiges Datenformat oder eine geringe Auflösung hat. Auf die Einzelheiten werden wir gleich zu sprechen kommen.

Digitale Buchausgaben verfolgen mehrere Ziele: Sie machen auch große Textmengen gut handhabbar, klein und kompakt, dabei erlauben sie ein angenehmes Lesen auch über längere Zeit. Handelt es sich um Faksimileausgaben, dann dienen sie auch dem Zweck, das optische Erscheinungsbild der Vorlage möglichst genau wiederzugeben, so daß man fast wie mit dieser arbeiten kann, ohne daß man sie durch die Benutzung gefährden könnte. Einmal abgelichtet, steht das alte Buch auf diese Weise vielen Lesern auf der ganzen Welt zur Verfügung; ohne daß es nochmals angefaßt werden müßte, kann man fortan darin so viel blättern wie man will. Schließlich dienen digitale Texte aber auch der Vermeidung von Papier, denn wenn es nur darum geht, etwas einmal durchzulesen, war dafür bisher oft das Ausdrucken nötig. Das geht nun mit dem Lesegerät, und den Text kann man anschließend weiter aufbewahren oder einfach löschen. Nebenbei spart man damit auch eine Menge Platz.

Digitale Dokumente unterscheiden sich hinsichtlich ihres Datenformats sehr stark. Die Dateinamenerweiterung (beispielsweise PDF) gibt noch keinen Aufschluß darüber, ob die Seiten darin als Bilddateien oder als Textdateien enthalten sind. Jedes Dateiformat, das die Einbindung von Abbildungen erlaubt, kann für jede Vorlagenseite ein Bild enthalten. Und diese Bildwiedergabe ist im Fall von Textseiten höchst problematisch. Das kann man beispielsweise feststellen, wenn man in einem der PoD-Verlage (die Bücher in Kleinstauflagen erst nach Bestellungseingang drucken und binden), beispielsweise bei Epubli, ein Buch veröffentlicht und gleichzeitig auch eine E-Book-Ausgabe daraus macht. Man lädt die vorbereiteten Daten hoch, das gedruckte Buch wird damit auch ganz gut. Für das E-Book wird das hochgeladene PDF-Dokument jedoch kräftig geschrumpft, damit Leute, die es sich kaufen wollen, nicht so lange warten müssen, bis die Daten übertragen worden sind. Enthält das PDF-Dokument nun Textinformationen, bleiben diese vollständig erhalten. Bilder hingegen werden kräftig verkleinert. Und wenn sich nun für jede Buchseite ein Bild darin befindet, ist die darauf enthaltene Schrift – in unserem Falle Fraktur – beim besten Willen nicht mehr gut lesbar.

Soweit läßt sich also festhalten, daß Frakturschriften bei der Wiedergabe von Bilddateien nur dann gut zu erkennen sein wird, wenn die Auflösung hoch genug ist. Dies muß vor allem bei der Erstellung eines Dokuments im weitverbreiteten PDF-Format bedacht werden. Dafür kann man die Bildauflösung nämlich genau einstellen. Ganz anders verhält es sich, wenn der Text nicht als Bildinformation gespeichert ist, sondern als Textinformation. Die Speicherung verwendet eine Kodierung, deren Einzelheiten uns hier nicht interessieren müssen, die aber im Prinzip dem Rechner klarmacht, um welche Buchstaben es sich handelt. Der Rechner weiß dann, daß er ein a, ein b, ein c oder einen anderen Buchstaben anzeigen soll. Dazu bekommt er – entweder vom anzuzeigenden Dokument oder von den Voreinstellungen des Benutzers – die Information, wie diese Buchstaben auszusehen haben. Das Schriftbild ist also in einem recht großen Rahmen frei wählbar.

Schwierigkeiten ergeben sich dann nur, wenn die Zeichenbelegungen verschieden ist, wenn also in der ursprünglichen Schrift vielleicht das Prozentzeichen steht, wo in einer anderen Schrift die ck-Ligatur untergebracht ist. Dann kommt es zu dem üblichen Zeichensalat, der bereits von der Umschaltung der Textschrift auf dem Rechner weithin bekannt sein dürfte. Damit dies vermieden werden kann, muß das anzuzeigende Dokument so kodiert sein, daß es in der gewünschten anderen Schriftart fehlerfrei angezeigt wird. Dies können die Anbieter der elektronischen Bücher von Haus aus gewährleisten, man kann aber in bestimmten Formaten (z. B. DOC, TXT) auch selbst die gewünschte Zeichenänderung vornehmen, so etwa mit dem bekannten Konvertierungsprogramm „Ligaturix“ des leider bereits verstorbenen Frakturfreunds Hans-Georg Soldat. Da jedoch das so erstellte Dokument wiederum nicht fehlerfrei in einer Antiquaschrift angezeigt werden kann (mit Ausnahme solcher Antiquaschriften, die die gleiche Belegung wie Frakturschriften haben, z. B. DS-Garamond), kann es sinnvoll sein, beide Versionen parallel aufzubewahren und die eine dann mit Fraktur, die andere aber mit Antiqua anzeigen zu lassen.

Die Art, wie aus beschreibender Information dann wieder die richtig angezeigte Schrift wird, ist auch ganz wissenswert. Die Buchstaben werden in Form von Vektorinformationen beschrieben. Vereinfacht gesagt, geht es dabei darum, dem Rechner zu erklären, von wo aus, in welche Richtung und wie weit er einen Strich (den Vektor) zeichnen soll. Dort schließt sich dann der nächste Vektor an und so weiter. Auf diese Weise läßt sich zu jedem Zeichen erklären, wie man es „malen“ soll. Das Gute daran ist die Tatsache, daß diese Beschreibung weitgehend unabhängig von der Größe des fertigen Buchstabens ist. Wenn also die Vektoreninformation vollständig ist, muß man nur noch den Schriftgrad angeben und der Buchstabe erscheint in der gewünschten Größe. Die E-Book-Anzeigegeräte brechen außerdem den Text neu um, wenn man eine größere Schrift wählt. Sie verändern also selbsttätig die Gestaltung des Dokuments in Abhängigkeit von den Wünschen des Benutzers.

Bei Dateien, die aus Bildern bestehen, ist dies so nicht möglich. Will man sie größer anzeigen lassen, so sieht man davon nur noch einen Ausschnitt. Dies kann vorteilhaft sein, um die Schrift besser zu erkennen (beispielsweise Handschrift), es erleichtert aber nicht gerade den Umgang mit dem Text. Überhaupt sind Anzeigegeräte für Bildwiedergabe nicht gerade die beste Lösung. In erster Linie sind sie dazu da, Textbestände ordentlich wiederzugeben, und dies schließt die Aufbereitung in Form von eingebetteten Bildern nahezu aus, weil das sehr unpraktisch ist. Damit fällt die Nutzung für die Anzeige alter Handschriften und Druckwerke jedoch nahezu aus. Eine Ausnahme bilden kleinformatige alte Veröffentlichungen, deren Seitengröße die Anzeigefläche des Geräts kaum übersteigt und deren Schrift deshalb auch in geringer Auflösung recht gut wiedergegeben wird, obwohl eine Bilddatei angezeigt wird. Solche Bücher können sehr gut auf den Geräten gelesen werden.

Hinsichtlich der Anzeigetechnik gibt es gravierende Unterschiede zwischen den verschiedenen Geräten. Die einen funktionieren in etwa wie ein normaler Flachbildschirm: Zahllose winzige farbige Lämpchen leuchten auf oder werden dunkel, auf diese Weise setzt sich das Bild zusammen. Das braucht relativ viel Energie, funktioniert aber auch im Dunkeln und sieht ziemlich kontrastreich aus. Die andere wichtige Technik besteht darin, daß in einer hellgrauen Oberfläche viele mikroskopisch kleine Bläschen eingebettet sind, die eine Flüssigkeit enthalten, die in Abhängigkeit von magnetischen Impulsen an der Oberfläche schwarz oder weiß erscheint.

Das kann man dann nur lesen, wenn die Oberfläche von einer Lichtquelle beleuchtet wird, allerdings wird Strom nur für den Bildwechsel benötigt. Blättert man nicht um, kann die Seite ohne weiteren Energieaufwand so bleiben, wie sie ist. Der Akku dieser Geräte hält deshalb wesentlich länger. Auch hinsichtlich der Wiedergabequalität und Auflösung ist diese Technik im Vorteil, weil die Anzeigepunkte wesentlich kleiner sind als die Lichtpunkte auf einem TFT-Bildschirm. Andererseits gibt es solche Bildschirme zu erschwinglichen Preisen nur in Schwarzweiß. Für Texte reicht das völlig, auch wenn der angenehm gelbliche Farbton alten Papiers dann eben als Grau wiedergegeben wird, was deutlich hinter einer Farbwiedergabe zurücksteht.

Insgesamt kann man also sagen, daß elektronische Bücher für die Verwendung von Frakturschriften geeignet sind, wenn es sich um reine Textdarstellung (nicht Bilder mit Textdarstellungen) handelt, das Gerät dafür ausreichend gut ausgestattet ist und die Konvertierung keine Probleme macht. Sind die Seiten eines alten Buchs abgelichtet und als Bilder in ein digitales Dokument eingefügt worden, ist die Wiedergabequalität bei größeren Seiten sehr eingeschränkt, bei kleineren hingegen ausreichend gut. Wer also gerne alte Bücher oder neuen Fraktursatz auf dem elektronischen Lesegerät betrachten möchte, der muß sich mit den Eigenheiten dieser Geräte und der für sie vorgesehenen Dateien ein bißchen auseinandersetzen und wird dann auch ein zufriedenstellendes Ergebnis bekommen.

Manches geht eben nicht. Deutsche Schrift und Schreibverfall.

Wir haben bis hierhin viele Hinweise zusammengestellt, die immer wieder bestätigen, daß die gebrochenen Schriften, für sich genommen, keineswegs rückschrittlich oder unfortschrittlich sind, sondern ebensogut modern und vorwärtsstrebend wirken können. Überlegen wir nun, wie es um die verschiedenen neumodischen Schreibgebräuche steht, die sich alle auf dem Humus der Antiquaschriften entwickelt haben. Wir bekommen es mit grassierender Abkürzungssucht zu tun, mit vorgeblich „geschlechtergerechten" Schreibungen, mit der hanebüchenen Rechtschreibreform und mit noch weiterem Unfug, dessen Untauglichkeit ja nicht zuletzt dadurch bewiesen werden kann, daß er sich eben nur für die Antiquagruppe halbwegs eignet.

Auch da stört das meiste davon den Lesefluß ganz erheblich. Seine Verwendung in gebrochenen Schriften führt auf kürzestem Wege in die Unlesbarkeit. Der Unterschied ist eben, daß die gebrochenen Schriften für die schriftliche Wiedergabe ganzer Wörter, sinnvoller Ausdrücke und entwickelter Gedanken gemacht sind, nicht jedoch für die Niederschrift von abkürzenden Buchstabenfolgen, die es dem Leser abverlangen, die ausgelassenen Teile zu erschließen und zu ergänzen.

Wir müssen hier wirklich unterscheiden: Es ist durchaus als Kulturleistung anzusehen, wenn sich eine Konvention entwickelt hat, die beispielsweise IMHO als „meiner Meinung nach", gglg als „ganz ganz liebe Grüße!", cu als „bis bald" und vllt als „vielleicht" versteht. Es beeindruckt, wenn sich solche Kodierungen mit Höchstgeschwindigkeit ausbreiten, ohne daß die neuen Benutzer die Kenntnis über ihre jeweiligen Bedeutungen aus Nachschlagewerken beziehen. Hinter dieser „Fachsprache" jugendlicher Benutzer neuer Medien steht eine bemerkenswerte Verknüpfungs- und Erinnerungsleistung, die Zeugnis davon ablegt, wie schnell und effizient junge Menschen heute ihre kleinen grauen Zellen einsetzen können. Wahrscheinlich haben wir es in diesem Bereich tatsächlich mit einer enormen Steigerung der Denkgeschwindigkeit zu tun.

Schade nur, daß diese kognitive Mehrleistung normalerweise für recht banale Zwecke eingesetzt wird, nämlich für die gemeinschaftliche Alltagsflucht hinein in vermeintlich bessere, aber künstliche Erlebniswelten, in denen man nicht nur seine Freunde trifft, sondern auch kleine kugelige Monster jagen kann, die irgendwo auf dem Bürgersteig hocken und die man natürlich nur mit dem Blick durch die kleinen „smarten" Kästchen erkennen und erleben kann. Gleichzeitig türmen sich die Probleme Deutschlands, Europas und der ganzen Welt ins Unermeßliche – und niemand schickt sich an, sie zu lösen.

Gedruckte Schrift wurde früher fast ausschließlich für die Herstellung von Büchern und Zeitungen verwendet, und Flugblätter hatten noch nicht die Aufgabe, die Menschen mit graphischen Mitteln zu überrumpeln, sondern versuchten mit dem gedruckten Wort zu überzeugen – nicht selten in gereimter Form. Heute wird Druckschrift für tausenderlei Dinge eingesetzt: Für Prospekte und Gebrauchsanleitungen, Pamphlete und Programme, jede Sorte von Literatur, Fahrpläne und Urlaubswerbung, Flugblätter und Wahlplakate, Aufrufe und Hinweistafeln. Körperlose Schrift begegnet uns auf dem Rechnerbildschirm und im Mobiltelephon, als elektronisches „Buch", auf Hinweistafeln, auf dem Navigationsgerät und so weiter.

Viele dieser Geräte werden von Bevölkerungsgruppen genutzt, andere von allen. Die bestehende Konvention, was Schriftbild und Schreibweisen anlangt, ist jedesmal Sache der Benutzer und wird natürlich von denjenigen gesteuert, die diese Benutzer ansprechen wollen. Einen allgemein gültigen Schreibgebrauch wird man ihnen nicht „von oben" vorschreiben können. Einerseits bedeutet das, daß sich eine Durchsetzung gebrochener Schriften eben nicht beschließen läßt. Andererseits eröffnet es auch die Möglichkeit, daß sich gebrochene Schrift eben in der einen oder anderen Gruppe als eine Art Selbstläufer etabliert, so beispielsweise in der Gothic-Szene. Das stimmt zuversichtlich, weil es zeigt, wie Schriftgebrauch funktioniert: Jemand fängt damit an und es könnte sich durchsetzen.

Der heutige, sehr weit aufgefächerte Schreibgebrauch nutzt ganz überwiegend Schriften, die entweder der Antiqua- oder der Grotesk-Gruppe angehören. Wer Fraktur benutzt, will damit meistens, wenn auch nicht immer, „etwas" ausdrükken. Wie wir gesehen haben, hat dies mit undeutlichen, teils falschen geschichtlichen Auffassungen und nicht selten mit Klischees zu tun. Die Übung des Schreibgebrauchs entwickelt sich nun immer weiter, es bilden sich Abkürzungen und Zeichencodes, vermeintlich frauenfreundliche Schreibweisen und Symbole, die man nicht liest, aber verstehen soll, beispielsweise der Unterstrich, ein Sternchen oder ein großer Buchstabe mitten im Wort.

Wohlgemerkt: Auch darin liegt, wenn es sich bewährt, rein prinzipiell eine Kulturleistung. Meistens ist sie aber unkultiviert, weil sie ihr Anliegen nicht zuendedenkt und deshalb oft das Gegenteil dessen bewirkt, was beabsichtigt war. Ich will jedoch an dieser Stelle auf etwas anderes hinaus: Weil diese schriftsprachlichen Formgeber mit einem Werkstück arbeiten, das aus Antiqua (oder Grotesk) besteht, eignet sich ihr Kunstwerk meistens nicht für das andere Material, die gebrochene Schrift. Die Versalbuchstaben mitten im Wort sowie die Abkürzungen aus zusammengezogenen Großbuchstaben (ohne Abkürzungspunkte) funktionieren nicht in den deutschen Schriften, weil dort die Buchstaben wie schmuckreiche Flaggschiffe eine andere Funktion haben – die nämlich, ein Wort einzuleiten. Das so zwanghaft wirkende und wohl deswegen vielgepriesene Binnen-I sieht in einer Groteskschrift meistens aus wie das gemeine l, weshalb es auch dort schon nicht in der Lage ist, eine Bedeutung eindeutig wiederzugeben. In der Frakturschrift sieht es einfach nur scheußlich aus, es wäre buchstäblich fehl am Platze.

Das Gender-Sternchen, von den Grünen im Lustrausch dünkelhaften Kosmopolitentums gleich englisch als „Star" propagiert, würde in Frakturschrift sogar halbwegs annehmbar sein. In Literaturwerken, die in Fraktur gesetzt sind, hat der Stern als Fußnotenzeichen eine lange Tradition. Für Auslassungen wurden aber Punkte verwendet. Es verträgt sich nur nicht mit einer sinntragenden Schrift, daß durch Sonderzeichen irgendwelche Bedeutungen angezeigt werden sollen, die der Leser dann selbst mitzudenken hat. Was geschrieben steht, bedeutet etwas, und was gemeint ist, das hat der Autor eben hinzuschreiben – dieses Grundprinzip gilt eigentlich für alle Schriften, nur in der allgemeinverbreiteten Antiqua-/Groteskgruppe, die überall der zeichenweisen Auflösung und damit dem Verfall unterworfen ist, wurde es außer Kraft gesetzt.

Dort stehen nun Zeichen, die zusätzliche Bedeutungselemente anzeigen sollen, damit der Verfasser der Pflicht überhoben ist, seine Gedanken und Ansichten vollständig und lückenlos niederzuschreiben, wie man es eigentlich von ihm erwarten dürfte: Mit solchen Schreibweisen machen es sich die Verfasser bequem und nötigen damit die Leser ihrer Texte zu kognitiver Mehrleistung und zu mehrmaligem Lesen der damit versauten Textabschnitte. Schon das ist eine Frechheit, zugleich aber eine der Ursachen für die sich überall ausbreitende Unlust, solchen Schmarrn überhaupt noch zu lesen.

Wo es sich um die Vereinbarungen gleichberechtigter Partner handelt, sind kodierte Schreibweisen gar kein Problem, so bildeten sich seit den Anfangszeiten der Schrift zahlreiche Kurzformen und Abkürzungen, die sogenannten Abbreviaturen. Genauso zulässig sind heute die Kurzschreibungen, mit denen die Benutzer von Mobiltelephonen geistreich miteinander in Verbindung treten. Etwas anderes sind Schreibweisen, bei denen der Leser nicht nach seinem Einverständnis gefragt wird. Es wird einfach vorausgesetzt, daß derjenige, der für die Gleichstellung der Frauen eintritt, auch die angeblich damit verbundenen Schreibweisen hinzunehmen hat. Tut er das nicht, wird daraus darauf geschlossen, daß es ihm mit den Frauenrechten nicht so wichtig ist. Neben der oben erwähnten Unverschämtheit ist dies das eigentlich Niederträchtige an diesen bevormundenden und totalitären Schreibweisen.

Zusammengezogene Buchstaben als Abkürzungen eignen sich auch für Frakturschriften, wenn dabei das Gesagte beachtet wird und sich die Leser an die so entstehenden Wortbilder gewöhnen können. Es läuft dem Wesen eines kultivierten Kommunikationsmittels generell zuwider, wenn der Leser erst den Sinn entschlüsseln muß – das ist der Hauptgrund, weshalb man auf verkürzte und kodierte Zeichenfolgen in sinnvollen Texten besser verzichten wird. Im Alltag, bei persönlichen Notizen zumal, sieht die Sache ganz anders aus, dann ist alles erlaubt, was sich bewährt.

Seit die Bildschirme der Mobiltelephone etwas größer geworden sind, könnte auch die Frage der Einsatzfähigkeit gut lesbarer Frakturschriften in diesem Bereich neu erörtert werden. Das ist ohnehin die persönliche Angelegenheit jedes Benutzers, aber man hat gar nicht die Möglichkeit, das einzustellen. Es würde, der Ligaturen wegen, auch die Konversion der Schreibweisen voraussetzen, wie es weiter oben im Zusammenhang mit dem Internet bereits erörtert wurde. Diese Mühe wird sich niemand machen, zumal es auch laufend neue Probleme im Zusammenhang mit Emoticons, Buchstabencodes und anderem mehr geben dürfte. Aber für die Beschriftungen im eigenen Kontaktverzeichnis oder für das Bildschirmmenü wäre es ein erster Schritt hin zu mehr digitaler Normalität.

Die lange Agonie der Rechtschreibreform. Ein Regelwerk krepiert am Pfusch.

Die Reparaturen an den neuen Rechtschreibregeln hören nicht auf. Verantwortlich für das Desaster sind Ministerialbürokraten, die mit unhaltbaren Begründungen unsinnige Schreibweisen durchsetzen wollten. An den Schulen herrscht die orthographische Anarchie. Die große Mehrheit der Schreibenden steht dem Regelwerk ablehnend bis frustriert gegenüber.

Die Einführung war wie der Aufbruch in eine neue Schreibzeit. Als 1996 die reformierten amtlichen Schreibregeln an Schulen und Behörden eingeführt wurden, setzten die Urheber auf Zeit und auf die Geiselhaft der Schulkinder. In einem einzigartigen Massenexperiment wurden Lehrer verpflichtet, Schreibweisen zu lehren, die grammatisch falsch sind. Kritiker wurden auf eine Probezeit vertröstet. Als 2005 die Probezeit ablief, berief man sich auf die vielen Schulkinder, die nun schon so lange nach den neuen Regeln lernen. Inzwischen wurde die Reform immer wieder überarbeitet, bis Frühjahr 2006 sollte der überwiegend mit Reformern besetzte „Rat für deutsche Rechtschreibung“ abermals Änderungen vorschlagen.

Die Kultusministerien der deutschsprachigen Länder wollen das Prestigeobjekt durchpauken, selbst wenn davon nur die ss-Schreibung übrigbleibt. Hundert Millionen Menschen sollen sich umstellen, damit eine kleine Clique ihr Gesicht wahren kann. Der Verlagsbranche bringt das Reformprojekt schon seit Jahren gewaltige Defizite.

Karl Blüml, als Schulinspektor seit vielen Jahren einer von Österreichs Motoren der Reform, sieht in der Neuregelung der ß-ss-Schreibung ein besonderes Verdienst Österreichs: „Diese Schreibung war in Österreich schon im 19. Jahrhundert üblich, wurde aber dann 1901, um Einigkeit im gesamten deutschen Sprachraum zu gewinnen, aufgegeben.“ Über die Mängel dieser „Heyseschen s-Schreibung“, die schon im 19. Jahrhundert diskutiert wurden, sagt er nichts.

Wie steht es wirklich um den Zusammenhang zwischen Sprache und Orthographie? „Die Schreibung ist ganz einfach die graphische Darstellung der Sprache“, erklärt Blüml. „Wie eine solche Darstellung erfolgt, ist jedoch von Sprache zu Sprache – zumeist aus historischen Gründen – recht unterschiedlich. Ein markantes Beispiel ist die türkische Sprache. Dort hat man an der Wende zum 20. Jahrhundert eine Umstellung auf das lateinische Alphabet durchgeführt und dabei versucht, Laute und Buchstaben so weit wie möglich überein zu stimmen . Das ist ohne eine solche ‚Revolution' in Kultursprachen praktisch nicht möglich." Revolution?

Reformer wie Klaus Heller erklären doch laufend, es gehe um eine behutsame Weiterentwicklung der Orthographie wegen der Fortentwicklung der Sprache. „Konkret hat sich an der Sprache sehr viel geändert – nicht zuletzt durch die Aufnahme zahlreicher neuer Wörter aus anderen Sprachen, durch Wortneuschöpfungen im Deutschen selber, so gab es etwa ‚wohlverdient' im Duden der 50er Jahre noch nicht." Allerdings folgen die Reformregeln nicht dem Schreibgebrauch, sondern wirken mit der extremen Groß- und Getrenntschreibung der Schreibentwicklung bewußt entgegen. Die Folge sind Übergeneralisierungen. Immerhin hatte man ja 1996 die Möglichkeit, nur die Regeln zu ändern, indem man sie an den Schreibgebrauch anpaßt. Stattdessen wurden unübliche und falsche Schreibweisen für verbindlich erklärt und durch neue Regeln gerechtfertigt.

Die Orthographie im bisherigen Sinne beschreibt die Konventionen, die die Sprachgemeinschaft als „richtig" ansieht. Nun wurden nicht wenige Schreibungen eingeführt, die in diesem alten Sinn als „grammatisch falsch" bezeichnet werden. Auf die Frage, welche Funktion er einer zukünftigen Orthographie beimißt, erklärt Blüml: „Wenn man die Vorwörter der diversen Dudenauflagen nachliest, findet man zumindest ab 1961 laufend den Hinweis darauf, daß man es bedauert, daß eine Reform jener Bereiche nicht möglich sei, in denen die Schreibgemeinschaft offenbar überwiegend anders schreibt, als es die Regeln von 1901 vorsehen. In dem Sinn wird es Aufgabe des Rates für deutsche Rechtschreibung sein, die Schreibentwicklung zu beobachten und sozusagen keinen Reformstau entstehen zu lassen." Eine solche Beobachtung müßte aber schon jetzt erhebliche Störungen der Schriftsprache feststellen. So tritt bereits die Falschschreibung „Aufwändungen" massenhaft auf. Die eigentliche Sprachentwicklung kann nur bei Wegfall irritierender Komponenten klar beobachtet werden.

„Bei der Orthographie handelt es sich um Konventionen, die teilweise erst im Nachhinein grammatisch begründet wurden", führt Blüml aus. „Die deutsche Sprachgemeinschaft ist in eine Großschreibung der Substantive – ausgehend von der Großschreibung der Namen/Bezeichnungen für Gott – schön langsam hineingewachsen. Vieles ist dabei reine, stetig wechselnde Interpretation. Wie gerade die Geschichte der Nominationsstereotype beweist. Ebenso ist die Geschichte der Schreibung von Substantivierungen höchst wechselhaft. Es kommt darauf an, nach welchem Grammatikmodell man Substantivierung definiert. Der Fall ‚Leid tun' ist ein solcher Interpretationsfall. Natürlich kann man mit Fug und Recht sagen, das ließe sich nicht wirklich substantivisch interpretieren. Mit demselben Recht kann man aber auch sagen, daß die allgemeine Konzeption von ‚Leid' eine substantivische ist." Einerseits erkennt Blüml die deskriptiven Grammatikmodelle als die ernsthafteren an. Andererseits kann ein Grammatikmodell, das 1996 „Leid tun" vorschrieb, nicht deskriptiv gewesen sein. Abgesehen davon kann man nicht zwei Grammatikmodelle, die sich gegenseitig widersprechen, als gleichberechtigt ansehen, ohne Klärungsbedarf zu sehen. Blüml: „Die Reform 1996 entschied sich hier für das Paradigma Substantiv (groß) + Verb (getrennt und klein) – eine absolut zulässige Entscheidung angesichts der Möglichkeiten." Man entschied sich damit aber auch, eine auch aus Reformersicht mögliche Variante als falsch zu verbieten!

Als bekannteste Regel gilt die neue ss-Schreibung, und sie stellt das wichtigste Prestigeelement der ganzen Reform dar. Hier sieht Karl Blüml große Erfolge: „Diese Regel wird von den Neulernern ganz leicht und schnell angenommen, weil sie die s-Schreibung an alle anderen Konsonantenverdoppelungs-Regeln angleicht. Man schreibt ‚sie kam', weil das [a] lang gesprochen wird, man schreibt ‚der Kamm', weil das [a] hier kurz gesprochen wird. Diese Regelung gilt nun ohne Ausnahme auch für die Verdoppelung von [s]." Wie jedoch die Beispiele ‚das' und ‚was' oder auch ‚Damm' und ‚Damhirsch' ganz schnell beweisen, ist diese Aussage nicht richtig. Die Paragraphen 4 und 5 der Neuregelung umfassen insgesamt zwölf Gruppen von Ausnahmen. Kennt man diese nicht, kommt man leicht auf die enormen Fehlerzahlen, die im Rahmen wissenschaftlicher Untersuchungen durch Prof. Harald Marx festgestellt worden sind. Sein Befund: Die Schüler machen seit Einführung der neuen Regeln nicht weniger Fehler, sondern mehr!

Dabei handelt es sich um die einzigen vorhandenen wissenschaftlich-methodisch abgesicherten Untersuchungen. Besonders grausig: Fehler in Wörtern, die nur mit einem s zu schreiben sind, nehmen stetig zu. Dazu Karl Blüml: „Ich kann mir die Ergebnisse von Herrn Marx nicht wirklich erklären. Daher hat die Kommission auch mehrfach versucht, mit Herrn Marx in Verbindung zu treten, besonders über Frau Prof. Mechthild Dehn, was aber nicht gelungen ist." Im 3. Kommissionsbericht ist auf S. 4 vermerkt, daß ein Treffen mit Vertretern der pädagogischen Psychologie geplant sei. Tatsächlich erschien Marx am 9. November 2001 persönlich vor der Kommission. Einzelheiten des Gesprächs fanden keine Aufnahme in den Bericht, da auf diesem just der 8. November 2001 als Redaktionsschluß vermerkt ist. Blüml sagt zum Anstieg der s-Fehler: „Der Rat hat dies bisher noch nicht thematisiert." Obwohl es also Untersuchungen gibt, die die Fragwürdigkeit der neuen ß-ss-Schreibung nahelegen, wird das im Rat für deutsche Rechtschreibung nicht diskutiert – warum?

Karl Blüml hat sich eine noch wesentlich schärfere Reform der Rechtschreibung gewünscht, räumt jedoch ein, daß der phonetische Ansatz dafür gar nicht geeignet ist. „Ich bedaure, daß im Deutschen eine Reform der Laut-Buchstaben-Beziehungen nicht in einem größeren Umfang möglich war, einem Umfang, der den regional unterschiedlichen Sprechweisen insofern entgegenkommt, als Länge und Kürze von Vokalen wie auch Stimmhaftigkeit und Stimmlosigkeit von Konsonanten regional höchst unterschiedliche Ausprägungen haben. Im südlichen Österreich etwa spricht man Wasser wie [woaza] aus, d. h. der Vokal ist lang, der Konsonant [s] ist stimmhaft. Wie soll daraus eine gemeindeutsche Orthographie folgen?"

Daran zeigt sich: Wenn man den aussprachegebundenen Ansatz der Rechtschreibreform konsequent zuendedenkt, landet man beim Ende der Einheitsorthographie. Dies deckt sich mit den gegenwärtigen Zuständen: In Gegenden, wo man ‚Fußball' mit kurzem [u] spricht, schreibt man nun irrig ‚Fussball'. Umgekehrt läßt sich bei den Sprechern des „ORF-Newsflash" feststellen, daß sie ihre Aussprache bereits daran orientieren, ob ein Wort mit doppeltem Konsonanten geschrieben ist. Das sind keine Kollateralschäden, sondern das ist ein erschrekkender Befund.

Schon 1996 verbreiteten Reformer wie Klaus Heller die Irrlehre, nach kurzem Vokal müsse [ss] stehen. Genau hier kommen die vielen Fehler her. Die Erfolgskontrolle nach österreichischem Verständnis liegt aber nicht in wissenschaftlichen Untersuchungen, sondern lediglich in der Meinungskontrolle. Laut Blüml hat die Zwischenstaatliche Kommission Befragungen an den Schulen und in den Verlagen durchgeführt. Auch im 3. Bericht ist die Rede von der Überprüfung der Akzeptanz, nicht aber des Erfolgs. Doch Karl Blüml weiß von wissenschaftlichen Untersuchungen in Österreich zu berichten. „Das sind Erhebungen des Bundesministerium für Bildung, Wissenschaft und Kultur, die immer wieder durchgeführt werden, zuletzt über ein namhaftes Meinungsforschungsinstitut in Österreich. Die Ergebnisse können im Ministerium erfragt werden."

Die zuständige Referentin im Wissenschaftsministerium, Dr. Andrea Freundsberger, erklärt, daß es nur eine einzige, telephonische Meinungsumfrage des Instituts Fessl-GFK gegeben hat. Eine wissenschaftliche Analyse der Fehlerentwicklung hat es in Österreich seit Reformeinführung nicht gegeben. Wohl wurde einmal eine Untersuchung verbreitet, die ein bißchen wissenschaftlich wirkte. Bei ihr haperte es jedoch schon an grundlegenden methodologischen Standards, und mit 27 juvenilen Neuschreiberinnen ohne Vergleichsgruppe war die Probandenauswahl auch nicht besonders repräsentativ. Auf diese „Untersuchung“ wird man vom Ministerium gar nicht erst hingewiesen. Und Blüml fährt fort: „Erhebungen davor wurden publiziert (alle Schularten in Österreich alle LehrerInnen).“ Eine Behauptung, die sich nicht verifizieren läßt.

Inzwischen räumen bereits Schulbuchverlage ein, daß die Rechtschreibreform sinnverändernd wirkt. So läßt der Cornelsen-Verlag auf seiner Internetseite wissen: „Selbstverständlich wurde die Orthographie den modernen Rechtschreibregeln angeglichen, ebenso die Zeichensetzung, selbst wenn damit der Sinn des Textes etwas verändert wird.“ Man muß also vermuten, daß die Rechtschreibreform doch mehr als angenommen in die Sprache selbst eingegriffen hat. „Ich kenne diese Äußerung nicht direkt und weiß auch nicht genau, was sie bedeutet“, erklärt Blüml. „Ich mußs wiederholen, daß ich die Schreibung nur für eine graphische Präsentation der gesprochenen Sprache halte, wenngleich ich natürlich nicht bestreite, daß sie eine starke eigenständige Entwicklung durchgemacht hat. Wie letztlich gesprochene Sprache mit graphischen Zeichen repräsentiert wird, ist eindeutig eine Frage der Konvention, ja oft der Konstruktion. Es ist für mich schwer vorstellbar, daß die Konvention der graphischen Wiedergabe der Sprache diese selbst verändert.“

Aber was ist mit den bekannten Fällen von ‚wohlbekannt‘ und ähnlichem? „Mir sind natürlich die Bedenken bekannt, daß die Reform in den Regeln für die Getrennt- und Zusammenschreibung solche Änderungen hervorgerufen hat, daß ‚Wörter getilgt‘ wurden. Insbesondere hat mich da Reich-Ranickis Ausspruch im Zusammenhang mit Günter Grass, ob der Preis ‚wohl verdient‘ oder ‚wohlverdient‘ sei, fast zu Tränen gerührt: Die Reform hat an der Schreibung von vor 1996 nichts geändert.“ Gerade dieses Beispiel illustriert aber, welche Verwirrung durch die zwanghafte Wörtertrennung gestiftet worden ist. Für Blüml eine Terra incognita: „Die Aussage des obigen Zitates des Cornelsen-Verlages kann ich nur so verstehen, daß sich allenfalls orthographische Änderungen ergeben haben – wie sie bei allen Klassiker-Ausgaben laufend durchgeführt werden.“

Nach wie vor verwenden große Teile der Presse- und Verlagslandschaft die traditionelle Rechtschreibung. Das Oberverwaltungsgericht Lüneburg hat kürzlich festgestellt: „Herkömmliche Schreibweisen dürfen im Schulunterricht solange nicht als ‚falsch‘ bezeichnet werden, wie sich reformierte Schreibweisen nicht allgemein durchgesetzt haben.“ In bezug auf den Rechtschreibrat meint dazu Karl Blüml: „Dies wurde schon mehrfach thematisiert.“ Das Gericht hat aber auch festgestellt, „daß die Schule künstlich veränderte (unübliche) Rechtschreibungen nicht als allein verbindlich vermitteln darf". Somit müßte die Schule bereits jetzt auch die herkömmliche Schreibung wieder unterrichten. Wie steht der Rat konkret dazu? Blüml: „Dazu gab es keine Diskussion im Rat."

Bleibt schließlich die Frage der Großschreibung. Seit Jahrzehnten geistert das Gespenst der „gemäßigten Kleinschreibung" durch die Köpfe. Da deren einstige Verfechter heute als Vorkämpfer einer überzogenen Großschreibung im Rechtschreibrat sitzen, drängt sich der Verdacht auf, daß man über diesen Umweg die Kleinschreibung doch noch durchsetzen will – nach dem Motto: Wenn man den Leuten die Großschreibung verleidet hat, dann werden sie schon für die Kleinschreibung sein. Nun gehört dieser Bereich aber nicht zum Reparaturkatalog des Rechtschreibrats, und Karl Blümls Kommentar hierzu ist besonders bemerkenswert: „Darüber kann man diskutieren, und das wird auch geschehen – jedoch nur dann, wenn auch die grundsätzliche Kleinschreibung der Substantive mit Gegenstand der Diskussion ist." Das heißt im Klartext: Die übertriebene Großschreibung ist das Faustpfand für die Einführung der gemäßigten Kleinschreibung.

Der Verlag für Bibliotheken

Welche Bücher in der traditionellen Verlagslandschaft veröffentlicht werden, hängt meistens nicht davon ab, wie gut, wichtig oder wertvoll sie sind, sondern von ihren Chancen auf dem Buchmarkt. Daß diese Gewinnaussichten nur ein wirtschaftliches, aber kein inhaltliches Qualitätskriterium sein können, läßt sich nicht nur anhand vieler Verlagserzeugnisse belegen, sondern es wird auch jedem bewußt, der sich als Autor mit dem Wunsch, gute Bücher zu machen, an den Verlegern abarbeiten muß. Den marktorientieren Wünschen der Lektoren und Strategen fällt viel Gutes zum Opfer, ohne daß die Bücher dadurch zwangsläufig zu Verkaufsschlagern werden.

Der Bewertungsmaßstab „Marktgängigkeit“ erweist sich für randständige Bücher als unüberwindbares Hindernis und nimmt den aus Verlagssicht machbaren Werken ihre Seele. Voreilige Prinzipienreiterei der Verleger nagelt die Autoren auf inkohärente Reformschreibweisen fest. Schlampereien seitens der Lektoren führen nicht selten zuerst zum Wunsch nach radikalen Textkürzungen und hinterher zum Bedarf an neu aufzufüllenden Passagen, als würde man mit Bauschaum arbeiten. Diese Arbeitsprinzipien tun weder den Urhebern noch den Lesern einen Gefallen, und den Büchern tun sie Gewalt an.

Bibliotheken kaufen die so entstandenen Bücher, obwohl sie kurzlebig sind und auch deshalb einem rapiden Preisverfall ausgesetzt sind.

Der Verlag für Bibliotheken schaltet die Bewertungsmacht des Endkundenmarkts komplett ab, indem er seine Bücher ausschließlich Bibliotheken anbietet, und zwar in Kleinauflagen. Dadurch fällt die Erfolgsnot weg, unter der die herkömmlichen Verlage leiden. Unsere Bücher bleiben zu stabilen, sehr günstigen Preisen langfristig lieferbar, und da sie nicht in den Buchhandel gehen, tauchen sie auch nicht irgendwann für einen Euro im Internet auf.

Das Verlagsprogramm umfaßt Bücher, die sich für den Endkundenmarkt wirtschaftlich nicht qualifizieren könnten, die aber für Bibliotheken sehr wertvolle Ergänzungen darstellen. Auf diese Weise können mit Reprints seltener Originale Bestandslücken geschlossen und mit wissenschaftlichen Monographien und Dokumentationen die Bibliotheksbestände sinnvoll und qualitativ hochwertig erweitert werden.

Das Verlagsangebot richtet sich an wissenschaftliche Bibliotheken und öffentliche Büchereien im deutschen Sprachraum. Die Bücher werden in regelmäßig versendeten Verzeichnissen angeboten und können einzeln, in beliebiger Menge, aber ohne jeden Bezugszwang bestellt werden. Informationen zu den Neuerscheinungen werden auf https://www.facebook.com/VerlagfuerBibliotheken veröffentlicht.